上海市普教系统
名校长名师培养工程

U0619876

识图谱驱动的

智能化改造

张治

等著

上海教育出版社
SHANGHAI EDUCATIONAL
PUBLISHING HOUSE

序一

　　教育的智能化引领教育的现代化，智能教育为教育发展提供了动能，对推进教育高质量发展产生着深刻的影响。

　　人类最伟大的智能就是发明了教育，通过发明语言、符号等使人类文明得以传承，教育推进人工智能的出现，人工智能又不断推动教育的发展。教育已经从农耕时代口耳相传的传统教育1.0，经历工业时代班级授课制的教育2.0和搭载互联网实现内容电子化的教育3.0，进入人工智能赋能的智能教育4.0时代。工业时代教育千篇一律的教学内容，难以满足个性化需求，成了智能时代教育的重要矛盾，而"千人千面"的教育才是智能教育的"真实面目"。

　　人工智能，为每个学生提供最适合的教育。今天的教育正在努力回归几千年前的个性化因材施教，但最大的不同是过去精英化的教育只服务极少数人，现在我们正在努力通过人工智能实现大规模因材施教。人工智能为每一个受教育者量身定制一套教育系统，它可以给每个学生画像，学生接受知识的情况和能力，以及他们现在的情感模型和学习风格等，都可以通过数据量化。因此，人工智能可以找到每个学生的"最近发展区"，从而提供适合每个人的学习内容。例如，学生有一些已掌握的知识项，那么哪些相关知识是最容易得到拓展的，且这个拓展不断进化，帮助学生找到自主学习的成就感和自信心，以及自主探索的乐趣，从而提升学生一生受益的自主学习能力。

知识图谱驱动的教学智能化改造

人工智能改变教师工作，促使其转变为个性化教育方案的"设计师"。通过人工智能系统全程记录学生的学习数据，教师可以从学生的学业水平、学习风格、能力发展、情感等数据中了解学生的认知水平及发展情况，为每个学生定制个性化的学习方案。教师的角色不再是传统意义上的授业者，而是学生个性化学习方案的设计者、学生自主学习的支持者。

知识图谱是我们赋予机器智能的重要手段，而教育场景的复杂性对知识图谱的应用提出了更高的要求。在基础教育场景中，知识图谱需要"可量化""可进化"，还要能更好地支持多维度的育人目标。因为我们不只着眼于知识传授，还应更好地支持创新人才的培养。人工智能技术可以鼓励比我们更年轻的一代人成为非常有探索精神、有求知欲，能够追求梦想的未来人才。

人工智能的教育应用并非强调机器"无所不能"，而是探索人机协同的优化场景。不求让机器做得多，但求机器做得对，以人与机器相互理解的人机协同教育，筑牢人工智能教育应用的安全底线，构建智能时代教育的新形态。

智能教育的落地成效初显。基于知识图谱的智适应学习系统在上海、湖南、广东等地的应用已得到印证。我们要拥抱人工智能教育应用的灿烂前景，让人工智能技术真正为教育服务，探索智能教育新境界，让中国的智能教育扎根中国，走向世界，为全球智能教育发展做出中国贡献。

香港科技大学首席副校长、英国皇家工程院院士

序

二

　　十年树木，百年树人。教育是关系到国家发展的根本大计。基础教育是我国教育发展中的重要阶段。经过几十年的发展，我国的基础教育已经取得了巨大成绩，但仍然难以满足广大人民群众对于高水平优质基础教育的普遍需求。近年来，人工智能等新兴信息技术飞速发展，以知识图谱为代表的大规模知识工程等技术显著提升了机器的认知智能水平，加速了各行业的智能化转型发展进程。教育的智能化发展势在必行。对于基础教育而言，借助知识图谱技术表达与沉淀学科知识与教学经验，进而赋能与优化教学诸多环节，提升个性化教学与自适应教学水平，成为当前基础教育与人工智能等新兴技术深度融合的典型实践方式之一。

　　本书以高中生物学科为例，结合基础教育的基本特点，系统性地介绍了学科知识图谱的概念与内涵、应用场景以及构建过程，详尽地介绍了基于知识图谱的智适应学习系统，并结合丰富的教学案例阐述了基于知识图谱的教学新范式。本书内容取材于基于知识图谱的高中生物学教学研究成果，是该领域二十多位专家、两百多位教师勇于探索和积极实践的结果。全书案例丰富、内容充实，生动展示了基于知识图谱的高中生物学教学过程全貌。全书详尽地介绍了高中生物学科知识图谱以及相应的智适应学习系统，是基础教育教学研究的有益参考，更可直接作为基于知识图谱的高中生物学教学实操指南。

知识图谱驱动的教学智能化改造

　　本书是知识图谱技术在基础教育领域的一次全新尝试，丰富了知识图谱技术的落地场景，对知识图谱技术的发展、基础教育与智能技术的融合发展具有示范意义。本书作者是长期深耕于高中生物学教学与研究的一线教师，有着丰富的教学经验和教育信息化实践经验。正如本书所述，"人工智能必将是教育变革的未来"，相信读者或可通过本书的阅读开启一段智能技术变革教育实践的创新之路。

复旦大学教授

目/录

▶ 第一章

知识图谱综述

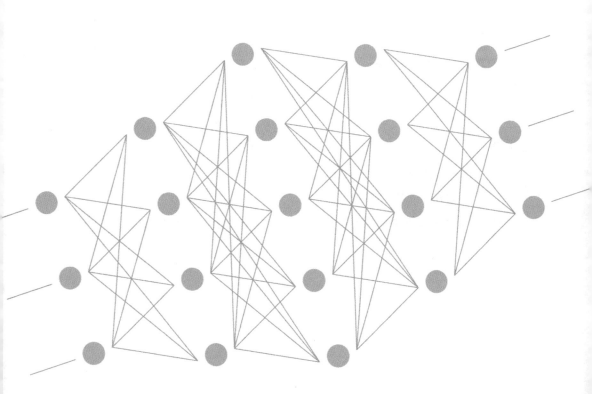

本章导读

知识图谱是什么？不同视角有不同的理解。

在 Web 视角下，知识图谱如同简单文本之间的超链接一样，通过建立数据之间的语义链接，支持语义搜索。

在自然语言处理视角下，知识图谱是从文本中抽取语义和结构化的数据。

在知识表示视角下，知识图谱是采用计算机符号表示和处理知识的方法。

在人工智能视角下，知识图谱是利用知识库来辅助理解人类语言的工具。

在数据库视角下，知识图谱是利用图的方式存储知识的方法。

目前，学术界还没有给知识图谱下一个统一的定义。但在谷歌发布的文档中对其有明确的描述：知识图谱是一种用图模型来描述知识和建模世界万物之间关联关系的技术方法。知识图谱还是比较通用的语义知识的形式化描述框架，它用节点表示语义符号，用边表示语义之间的关系。

知识图谱有什么应用价值？本章将在文献研究的基础上，对知识图谱及其价值进行简要介绍。阅读本章之前，您可以思考：

1. 什么是知识图谱?

2. 知识图谱有哪些价值?

3. 知识图谱构建有哪些挑战?

第一节　知识图谱概述

　　人类社会已经进入智能时代，智能时代的社会发展催生了大量的智能化应用，智能化应用对机器的认知智能化水平提出了前所未有的要求，而机器认知智能的实现依赖于知识图谱技术。知识图谱并非一个全新的概念，早在2000年左右，Berners 等人就提出了语义网的概念。[①]语义网简单理解就是一种智能网络，它不但能理解词语和概念，而且还能理解它们之间的逻辑关系，可以使交流变得更有效率和价值。而知识图谱技术的出现正是基于语义网的相关研究，是对语义网标准与技术的一次扬弃与升华。知识图谱（Knowledge Graph，KG）的概念最早由谷歌在2012年正式提出，其初衷是为了提高搜索引擎的能力，提升用户的搜索质量以及搜索体验。用户在输入搜索内容请求时，搜索引擎不再只进行简单的关键字匹配，而是会根据用户输入的内容进行语义分析和意图推理，实现相关内容的精准搜索和个性化表达。例如，用户搜索输入关键字"曹雪芹"，搜索引擎会以人们所关注的知识卡片的形式给出曹雪芹的生平信息、人物图片和相关图书信息等。知识图谱使机器能够像人类一样理解和利用信息，会使用人类的语言方式进行交流，反馈给人们想要的知识内容。

一、知识图谱的概念

　　知识图谱本质上是一种大规模语义网络。理解什么是知识图谱，首先要理解什么是语义网络。语义网络常常用作知识表示的一种形式。它不同于语义网，是基于自然语言理解的研究，通常用有向图来表示，图的顶点代表概念、实

[①] Berners-Lee T, Hendler J, Lassila O. The semantic web: a new form of web content that is meaningful to computers will unleash a revolution of new possibilities [J]. Scientific American, 2001, 284（5）: 34–43.

体和值,图的边表示这些实体和概念之间有关系。图 1-1 就是一个简单的动物的语义网络,其中熊是一个实体,它"是"(关系)哺乳动物(实体或概念),它"有"(关系)毛(值)。

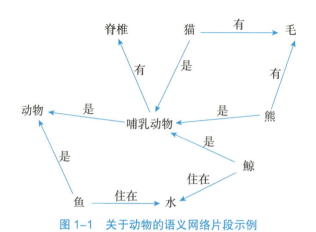

图 1-1　关于动物的语义网络片段示例

　　知识图谱旨在描述客观世界的概念、实体及它们之间的各种语义关系。"概念"是具有同种特性的实体构成的集合,主要指类别、对象类型、事物的种类等,如人物、动物、组织机构、文学常识等都是概念。"实体"是知识图谱中的基本元素,它是独立的、具体的事物,不依附于其他东西而存在。像《红楼梦》中的人物贾政、贾宝玉都是实体,上述的哺乳动物、熊等也都属于实体。"关系"是指实体与实体之间的语义关系。例如:贾宝玉是贾政的儿子,实体"贾宝玉"和实体"贾政"就是父子关系;鱼住在水里,实体"鱼"和"水"就是居住关系。

　　知识图谱的描述和语义网络一样,也是通过图来描述。那么实体和实体关系的这些数据在知识图谱中如何组织,这就涉及三元组的概念。在知识图谱中,三元组的基本形式主要有"实体—关系—实体"和"概念—属性—属性值"等。从图的角度来看,知识图谱是一个具有属性的节点通过边链接而成的网状知识库,其中的节点表示物理世界的实体(或概念),而实体间的各种语义关系则构成网状图的边。实体可以看作一条记录,第一个节点看作主语,边看作谓语,第二个节点看作宾语,主谓宾构成一条记录。比如,贾政的儿子是贾宝玉,

"贾政的儿子"是主语，"是"是谓语，"贾宝玉"是宾语。再比如，贾宝玉的亲姐姐是贾元春，主语是"贾宝玉的亲姐姐"，谓语是"是"，宾语是"贾元春"。知识图谱就是由这样一个个三元组构成。实体与实体之间的关系十分多样，可以表示为属性与关系。其中，属性是描述实体某方面的特性，如国家的面积、人口数量等。而关系则可以被认为是一类特殊的属性，当实体是一个属性值或属性表示实体时，这个属性都可以理解为关系。例如，中国的首都是北京，"首都"可以认为是两个实体的一条关系，同时中国的面积约960万平方公里，"面积"可以认为是实体与其属性值之间的关系。围绕一个实体，可以有很多关系呈现，随着知识的不断积累，最终会形成一个庞大的知识图谱。知识图谱建设完成后，会包含海量的数据和内涵丰富的知识。

二、知识图谱与知识

知识也是人类在实践中认识客观世界（包括人类自身）的成果，它包括事实、信息的描述或在教育和实践中获得的技能。知识是人类从各个途径中获得的经过提升总结与凝练的系统的认识。在哲学上，关于知识的研究叫作认识论，知识的获取涉及许多复杂的过程：感觉、交流、推理。知识也可以看成构成人类智慧的最根本的因素，知识具有一致性、公允性，判断真伪要依据逻辑，而非立场。知识的定义在认识论中仍然是一个争论不止的问题，罗伯特·格兰特指出，尽管"什么是知识"这个问题激发了世界上众多伟大思想家的兴趣，但至今也还没有一个统一而明确的界定。关于知识，有一个经典的定义来自柏拉图：一条陈述能称得上是知识必须满足三个条件——它一定是被验证过的，正确的，而且是被人们相信的。

与哲学不同，认知心理学从知识的来源、个体知识的产生过程及表征形式等角度对知识进行研究，认为知识就是经验。例如，皮亚杰认为经验来源于个体与环境的交互作用。这种经验可分为两类：一类是物理经验，它来自外部世界，是个体作用于客体而获得的关于客观事物的认识；另一类是逻辑——数学经验，它来自主体的动作，是个体理解动作与动作之间相互协调的结果。例如，

儿童通过摆弄物体获得关于数量守恒等的经验，学生通过数学推理获得关于数学原理的认识。皮亚杰对知识的定义是从个体知识的产生过程来表述的。布卢姆在《教育目标分类学》中认为知识是"对具体事物和普遍原理的回忆，对方法和过程的回忆，或者对一种模式、结构或框架的回忆"[1]，这是从知识所包含的内容角度说的，属于一种现象描述。

然而机器和人类对知识的理解还是有区别的。人类在很小的时候就能认识动物，在教孩子区分"猫"和"狗"时，父母都不太需要告诉孩子某种形式的科学定义（例如，狗属于哺乳动物这个大类中犬科的一员，而猫属于相同大类中猫科的一员），反倒是会给孩子看各种猫科和犬科的动物图片，同时告诉他们哪些是猫哪些是狗，直到他们完全掌握这两个概念为止。另外，人类之间的沟通是通过自然语言进行的，通过学习语言知识来认识事物、理解知识，对一些问题和现象进行解释，如为什么会先看到闪电后听到雷声。几十年来，我们一直致力于研究让机器能够像人类一样看懂世界、认识世界、理解和解释自然世界所发生的现象与规律。然而，机器只认识数据，如37.5、226.1、229，这些都是客观存在的、孤立的数据。此时，数据不具有任何意义，仅表达一个事实存在。而"今天一个人的体温是37.5摄氏度""姚明的臂展是226.1厘米""姚明的身高是229厘米"，代表一种事实性的陈述，这样就可以确定这些数字的含义，属于信息的范畴。而知识是一种更高层次的抽象和归纳。例如：知道这个人的体温是37.5摄氏度，比正常人的体温要高，表明他可能是发热了；将姚明的臂展、身高及姚明的其他属性整合起来，就得到了对姚明本人的一个认知，也可以进一步了解到姚明的身高比普通人高。那么机器是如何来认识这些信息，又是如何理解这些知识呢？知识图谱是机器描述知识的一种途径，利用图的形式构建事物之间的关系。知识图谱简单理解就是由知识和图谱构成的一种图数据。

---

[1] 李路彬.知识与社会的交互建构——知识社会学的解释社会学传统研究［D］.南开大学，2009.

三、知识图谱与人工智能

从根本上说，知识是人类智能的重要组成部分。对于人工智能来说，知识是计算机可以表示、存储和计算的一类特殊信息，是经过凝练的信息，是信息中的精华，包括事实性知识、概念性知识、程序性知识和元认知知识。事实性知识是基础，知识的抽象概括水平较低。概念性知识是一种较为抽象概括的、有组织的知识类型，各门学科中的概念、原理、理论都属于这类知识。概念性知识的特点是抽象概括性和组织性。例如，儿童第一次见到某只猫，知道这只猫有耳朵，嘴巴旁边长有胡须，有四条腿，会喵喵地叫，这类知识具有一定的概括性，也属于概念性知识。猫的概念还与宠物、老鼠、动物等概念密切联系，按一定结构组织起来的就属于概念性知识。程序性知识是关于如何做事的一套程序或步骤。程序性知识与概念性知识有联系也有区别，运用程序性知识可以获得概念性知识，而对概念性知识的理解则是程序性知识运用的前提条件，但程序性知识要回答如何做的问题，而概念性知识则要回答为什么要这么做的问题。元认知知识就是有关认知的知识，即人们对于"什么因素影响人的认知活动的过程与结果、这些因素是如何起作用的、它们之间又是怎样相互作用的"等问题的认识。

人工智能离不开知识。知识工程也随着人工智能的发展而不断演化和进步。现代机器学习算法对于知识图谱的表示、构建、推理和应用都起到了非常大的推动作用，包括概率统计模型、空间分解算法、深度神经元网络、预训练语言模型、主动学习、增强学习、迁移学习、对抗学习、无监督学习、半监督学习、远程监督学习等。怎么知道孩子何时学会区分猫和狗了呢？直觉上，应该是当他们遇到新的猫和狗（或图片）并能够逐一正确辨识的时候。像人类一样，计算机也可以采用类似的方式学习如何执行这类任务。在机器学习领域，这种以教计算机区分不同类别事物为目标的任务被称为分类。知识图谱技术不是单一的技术，而是将多种技术融合在一起，用于处理从自然文本、半结构化数据到知识，再到应用的全流程生命链。知识库的构建需要从自然语言中抽取相关类别的实体及实体与实体之间的关系。以知识图谱为代表的知识表达与传统知识

表达的显著差异表现在其规模上，因有人工智能、大数据和云计算等技术的加持，如今能够采用自动化构建和众包构建等方式构建知识图谱网络。

四、知识图谱的分类

（一）知识图谱的分类

从覆盖范围来看，知识图谱主要可分为通用知识图谱和领域知识图谱两大类。通用知识图谱又叫作开放领域知识图谱，主要包含大量现实世界中的常识性知识，覆盖范围广，强调融合更多的要求。其精确度不够高，且受概念范围的影响，很难在体量上做到全面。领域知识图谱又叫作行业知识图谱或垂直知识图谱，是面向某一特定领域的，由该领域的专业数据构成的行业知识库，主要用来解决当前行业或细分领域的专业问题。因其是基于行业数据构建的，有着严格而丰富的数据模式，所以对该领域知识的深度和知识准确性有着更高的要求。如学科知识图谱，某一知识的错误可能导致与其关联的知识产生偏差。学科知识图谱对质量的要求非常高，自然也就需要更多的学科专家参与，这也是领域知识图谱准确度的保障。但重视专家参与并不意味着完全由专家建设，应该倡导充分发挥学科专家的优势，体现其学科领域的专业性，同时借助学科教师群体与知识图谱自动化构建技术的正确建设思路。

从知识图谱的构建过程来看，知识图谱可分为两类。一类是通过大量专业人士手工构建的，其规模较小，但知识质量高，能够最大程度上保证准确性与完整性，如 Cyc、WordNet。另一类是从开放的互联网信息中自动抽取实体与关系构建的，如 DBpedia。这种类型的知识图谱一般规模较大，但因其数据源的复杂多样以及自动抽取算法的不完全准确，可能会存在大量不完整信息。近年来，国内也逐渐重视知识图谱的研究发展，一些中文知识图谱纷纷涌现，如复旦大学中文通用百科知识图谱（CN-DBpedia）、清华大学开源知识表示学习平台（OpenKE）。

（二）典型知识图谱

近年来，随着互联网应用需求日益增加，越来越多的知识图谱应运而生。

根据开放互联数据联盟 LOD（Linked Open Data）的官方数据，截至 2021 年 5 月，共有 1301 个开放互联的知识图谱加入到开放互联数据联盟 LOD 的知识图谱中。根据中文开放知识图谱（OpenKG.CN）的官方数据，截至 2023 年 3 月，该知识图谱共有 273 个数据集，涉及常识、城市、金融、农业、地理、医疗、科教等 10 多个领域，目前有 102 个成员加入。同时，中文开放知识图谱提供公共开放接口服务和 63 个工具，如北京大学知识库问答系统（gAnswer）、北京大学知识图谱自动化构建平台（gBuilder）。可以看出社会各界都在纷纷构建各自领域的知识图谱，目前上述联盟中的知识库还在持续增长。下面介绍一些具有代表性的知识图谱。

1. Cyc

Cyc 拥有世界上最广泛的常识知识库。它致力于将各个领域的本体及常识知识综合地集成在一起，并在此基础上实现知识推理的人工智能项目，其目标是使人工智能的应用能够以类似人类推理的方式工作。Cyc 知识库中表示的知识一般形如"每棵树都是植物""植物最终都会死亡"等，当提出"树是否会死亡"的问题时，推理引擎可以得到正确的结论，并回答该问题。该知识库中包括 40000 多个谓词、数百万个集合和概念，以及 2500 多万条公理。

目前，Cyc 项目大部分的工作仍然是以知识工程为基础的。大部分的事实是通过手工添加到知识库中，并在这些知识基础上进行高效推理的。目前开发者正致力于使 Cyc 系统能够和最终用户用自然语言进行交流，并通过机器学习来辅助形成知识，同时正在试图努力构建一套 Cyc 驱动的本体工程工具，以降低个人参与、编辑、浏览和查询 Cyc 的门槛。

2. WordNet

WordNet 是著名的词典知识库。WordNet 既是一个字典，又是一个辞典，由于它包含了语义信息，又支持自动的文本分析以及人工智能应用，所以有别于通常意义上的字典。经过近 40 年的发展，WordNet 已经成为国际上非常有影响力的英语语汇知识库。在 WordNet 中，单词之间的主要关系是同义词，如单词 shut 和 close 或 car 和 automobile 等。名词、动词、形容词和副词则各自被组织成一个同义词的网络，每个同义词集合都代表一个基本的语义概念，并且

这些集合之间也由各种关系连接。WordNet 根据词条的意义将它们分组，每一个具有相同意义的字条组称为一个同义词集合。WordNet 为每一个同义词集合提供了简短、概要的定义，并记录不同同义词集合之间的语义关系。

虽然 WordNet 表面上类似于同义词库，但是它还是有一些重要的区别。首先，WordNet 不仅连接单词形式（字母串），而且连接特定的词义，使得在网络中彼此非常接近的单词在语义上被消除了歧义。其次，WordNet 标记单词之间的语义关系，而词库中的单词分组不遵循除含义相似性之外的任何明确模式。最新的 WordNet3.1 版本包含 15 多万个单词、17 万组同义词集以及 20 多万条有关系。

3. ConceptNet

ConceptNet 的目标也是构建一个常识知识库。它是一个免费提供的语义网络，旨在帮助计算机理解人们使用的单词的含义。ConceptNet 最早起源于一个麻省理工学院媒体实验室的人工智能项目，是一个基于这个项目数据库中的信息的语义网络。ConceptNet 表示为一个有向图，其节点是概念，其边是关于这些概念的常识断言。概念表示一组密切相关的自然语言短语，可以是名词短语、动词短语、形容词短语或从句。ConceptNet 知识库以三元组形式的关系型知识构成，ConceptNet5 版本已经包含 2800 万关系描述。与 Cyc 相比，ConceptNet 采用了非形式化、更加接近自然语言的描述，而不是像 Cyc 那样采用形式化的谓词逻辑。与链接数据和谷歌知识图谱相比，ConceptNet 比较侧重词与词之间的关系。从这个角度看，ConceptNet 更加接近于 WordNet，但是又比 WordNet 包含的关系类型多。

4. DBpedia

DBpedia 是一个众包社区，旨在从各种维基百科项目中创建的信息中提取结构化内容。DBpedia 使用资源描述框架（RDF）来表示提取的信息，其数据以链接数据的形式提供，正在彻底改变应用程序与 Web 交互的方式。可以使用标准 Web 浏览器、自动爬虫，或使用类似 SQL 的查询语言，提出复杂的查询来浏览查询结果，如询问所有犯罪率低、天气温暖和有空缺职位的城市。

DBpedia 知识库不仅涵盖了音乐、电影等领域，同时还会随着维基百科的变化而自动发展。DBpedia 知识库允许针对维基百科提出非常令人惊讶的查询，如"给我新泽西州所有居民超过 10000 人的城市"或"给我所有 18 世纪的意大利音乐家"。总而言之，DBpedia 知识库的用例非常广泛，范围从企业知识管理、Web 搜索到革命性的维基百科搜索。DBpedia 知识库在增强 Web 和企业搜索的智能以及支持信息集成方面发挥着越来越重要的作用。

5. Google 知识图谱

谷歌知识图谱是谷歌及其服务使用从各种来源收集的信息来增强其搜索引擎结果的知识库。它于 2012 年发布，被认为是搜索引擎的一次重大革新。Google 搜索信息时添加了信息搜索结果旁边的信息框（知识面板），在传统的搜索引擎中，用户输入关键词搜索引擎将找到所有包含该关键词的网页，并按照与关键词的相关程度以及网页的重要性对这些网页进行排序，然后返回结果。然而，传统的搜索引擎并不能真正理解用户的意图，也就无法找到最符合用户需求的结果。Google 提出知识图谱的概念，目的是提高搜索体验和准确率，能真正理解用户的搜索意图。例如，在 Google 搜索引擎上搜索"红楼梦作者"，结果会直接显示曹雪芹，并且在右侧知识面板中以知识卡片的形式显示曹雪芹的其他相关信息，如曹雪芹的出生信息、逝世时间、国籍、号、字等。

6. CN-DBpedia

CN-DBpedia 是由复旦大学知识工场实验室研发并维护的大规模通用领域结构化百科，其前身是复旦 GDM 中文知识图谱。相较于传统的维基百科、百度百科等网站，CN-DBpedia 将知识整理归纳成三元组形式，省略掉了自然语言处理过程，更容易被机器理解。CN-DBpedia 主要从中文百科类网站（如百度百科、互动百科、中文维基百科等）的纯文本页面中提取信息，经过滤、融合、推断等操作后，最终形成高质量的结构化数据，供机器和人使用。对于同义词，如"复旦""fudan""fudan university""复旦大学"等，都是指复旦大学。CN-DBpedia 自 2015 年发布以来，已经成为国内最早推出的也是目前最大规模的开放百科中文知识图谱，涵盖数千万实体和数亿级的关系，已经在问答机器人、智能玩具、智慧医疗、智慧软件等领域产生 6 亿次应用程序接口（API）调用量。

五、知识图谱的发展历程

（一）知识图谱的起源

1955 年，加菲尔德发表了一篇题为 "Citation Indexes for Science: A New Dimension in Documentation through Association of Ideas" 的论文，[①] 提出了将引文索引应用于检索文献的思想。1965 年，普赖斯在 "Networks of Scientific Papers"[②] 一文中指出，引证网络和科学文献之间的引证关系类似于当代科学发展的 "地形图"，从此分析引文网络开始成为一种研究当代科学发展脉络的常用方法，进而形成了知识图谱（Mapping Knowledge Domain）的概念[③]。杨思洛等人使用知识图谱的思想方法，对中国知网中关于知识图谱的论文，从论文的发表日期、发表期刊、作者、所属机构、高影响因子论文的分布等角度分析了知识图谱研究在中国的发展现状。通过可视化的分析，最终得出了未来研究应着重在理论研究方面、方法和工具以及应用研究方面的预测。[④]

（二）知识库的发展

1977 年，在第五届国际人工智能会议上，美国计算机科学家 B.A. Feigenbaum 首次提出知识工程的概念。知识工程是通过存储现存的知识来实现对用户的提问进行求解的系统，其中最典型、最成功的知识工程的应用是专家系统。[⑤] 作为知识工程的重要组成部分，知识库是经过分类和序化的，是根据一定格式将相互关联的各种知识存储在计算机中。和一般的数据库系统相比，知识库添加了对知识结构的分析功能，对于知识的组织更加强调针对性和目的

① Garfield E. Citation indexes for science: a new dimension in documentation through association of ideas [J]. Science, 1955, 122（3159）: 108-111.

② De Solla Price, D J. Networks of scientific papers: the pattern of bibliographic references indicates the nature of the scientific research front [J]. Science, 1965, 149（3683）: 510-515.

③ 秦长江，侯汉清. 知识图谱——信息管理与知识管理的新领域 [J]. 大学图书馆学报，2009, 27（1）: 30-37+96.

④ 杨思洛，韩瑞珍. 知识图谱研究现状及趋势的可视化分析 [J]. 情报资料工作，2012（4）: 22-28.

⑤ 李涛，王次臣，李华康. 知识图谱的发展与构建 [J]. 南京理工大学学报，2017, 41（1）: 22-34.

性，是更高效、更智能，对用户更加友好的知识服务系统。

对于知识库的研究首先需要讨论的是知识的表达和组织的基本问题。鄢珞青等人重点研究了知识库中知识表达的问题，并提出了知识点的概念，此外还讨论了各种知识表达的类型等。[①] 王知津等人在全面、系统、深入地对知识组织的理论、方法及应用进行分析之后，提出了科学性、多维性等十大原则。[②] 王军等人着重对互联网环境下知识的组织结构进行系统化讨论，针对网络知识组织系统（Networked Knowledge Organization Systems，NKOS）的类型和表示、互操作性、标准和规范、生成和维护以及应用做了详细的介绍。[③] 知识的表示和组织需要服从于知识库系统整体的需求定位及框架。目前，较通用的知识表示框架通常采用面向对象的思想，将知识拆解成实体、实体属性以及实体之间的关系。近年来，深度学习的理论方法取得了重大的成功，知识的表示学习也逐渐成为目前研究的热点。知识表示学习旨在对知识库中的实体和关系进行表示学习，将知识中蕴含的语义信息表示为稠密低维实值向量，从而在低维空间中实现高效计算实体和关系的语义联系，不但能有效解决数据稀疏的问题，而且能使知识获取、融合和推理的效果得到显著的提升。刘知远等人系统地介绍了知识表示学习的进展和主要的表示学习算法，并对知识表示学习的未来发展做了展望。[④] 国外关于知识库的研究更加侧重实践方面，并且主要是针对 NKOS 进行相关的研发工作，例如对在线图书馆的研究等。[⑤] 对于特定的机构，其内部特定领域的知识相对较少，容易通过知识库的理论和方法有效地组织和管理知识。作为机构知识基础设施，知识库对机构内部知识的保存、管理、访问、宣传、答疑等工作都能起到重大的作用，同时可以用于预测和决策支持。据不完

---

① 鄢珞青. 知识库的知识表达方式探讨［J］. 情报杂志，2003（4）：63-64.

② 王知津，王璇，马婧. 论知识组织的十大原则［J］. 国家图书馆学刊，2012，21（4）：3-11.

③ 王军，张丽. 网络知识组织系统的研究现状和发展趋势［J］. 中国图书馆学报，2008（1）：65-69.

④ 刘知远，孙茂松，林衍凯，等. 知识表示学习研究进展［J］. 计算机研究与发展，2016，53（2）：247-261.

⑤ Hodge G. Next generation knowledge organization systems：integration challenges and strategies［C］. ACM/ IEEE Joint Conference on Digital Libraries. New York：ACM，2005.

全统计，截至 2013 年 11 月，全球提供开放服务的机构知识库已经超过 3500 个，从开放服务的机构知识库中可以获得的科研文献已经超过 5200 万篇。[①] 根据全球机构库统计网站开放获取知识库名录（The Directory of Open Access Repositories，OpenDOAR）的数据，截至 2014 年 4 月，大约有 2616 个知识库已在该网站注册，其中包含机构知识库 2212 个，占 84.56%。在国内，中科院知识库始建于 2007 年，建设完毕以来，全民可免费阅读、下载和使用中科院 100 多个研究所在知识库中分享的科研成果。另外，许多高校也已经构建或开始构建自己的知识库系统。

（三）知识图谱的形成

2012 年，Google 率先提出知识图谱（Knowledge Graph）的概念。知识图谱由知识以及知识之间的关系组成。知识或者说实体的内部特性使用属性—值对（Attribute-Value Pair，AVP）来表示。知识之间的关系通过两个实体之间相连接的边来表示。这里的知识图谱，即 Knowledge Graph，与最开始的用于可视化科学文献引用网络的知识图谱，即 Mapping Knowledge Domain，在概念上已经有了较大的变迁。在下文的讨论中，除了有特殊说明外，所说的知识图谱均指 Knowledge Graph。知识图谱与知识库在理论和方法上都存在相似的地方，即都是通过更加有效和智能地保存、管理已有的知识，同时对外提供一个便捷访问所需知识的接口，满足人们高效、准确地获取所需知识的需求。然而，知识图谱和知识库的区别也是明显的。知识库更多地建立在机构内部，为机构内部人员和需要访问该机构的人们提供服务，知识库中所包含的知识都是该机构领域内的知识。从这个角度讲，作为互联网搜索引擎高度发展之后衍生出来的一个概念，知识图谱的含义要宽泛很多。可以说，知识图谱是一个更大的、包含世界上所有机构知识库的知识集合。知识图谱里面的知识应该包含人们生活中的万事万物，包含人类文明所发现和创造的所有知识。当然要建立这样一个庞大的知识图谱不是一蹴而就的事情，但这正应该是知识图谱的愿景。与传统的基于关键字匹配的搜索引擎工作原理不同的是，知识图谱可以利用概念、实

---

① 张晓林. 机构知识库的发展趋势与挑战［J］. 现代图书情报技术，2014（2）：1-7.

体的匹配度返回给用户与搜索相关的更全面的知识体系。

　　Google 公司作为全球最大的搜索引擎公司，拥有最多数量的互联网用户，最有需要也是最有资源建立一个庞大的知识图谱。Google 采用多种语言对知识图谱中的实体、属性和实体之间的关系进行描述，逐步将知识图谱的理论方法运用到搜索引擎中来提高搜索质量。紧随 Google 的步伐，国内的搜索引擎公司也陆续着手构建自己的知识图谱。百度的"知心"通过筛选搜索结果，将内容相近的信息组织在一起，以知识图谱的形式重新呈现出来，达到搜索直接得到答案的效果。搜狗的"知立方"可以处理海量的互联网碎片化信息，通过"语义理解"重新优化计算搜索结果，向用户呈现最核心的信息。但美中不足的是，国内的"知心"和"知立方"并不支持多语言，知识图谱的规模也小于Google 的 Knowledge Graph。随着探索研究的深入，知识图谱作为一种知识管理的新思路，已经不再仅仅局限在搜索引擎应用，它在各种智能系统（如 IBMWatson）以及数据存储（如 Graph Database、Neo4j）领域也已崭露头角。

第二节　知识图谱的应用价值

一、知识图谱的应用价值

　　知识图谱为真实世界的各个场景直观地建模，运用"图"这种基础性、通用性的"语言"，"高保真"地表达这个多姿多彩世界的各种关系，并且非常直观、自然、直接和高效，不需要中间过程的转换和处理。这种中间过程的转换和处理，往往会把问题复杂化，或者遗漏很多有价值的信息。构建知识图谱的目的，在于利用知识图谱做一些事情。有效利用知识图谱，就是要考虑知识图谱具备的能力。知识图谱具有哪些能力？第一，知识图谱包含海量的数据，是一个超级知识库，可以依赖它搜索一些内容。由于知识图谱的数据组织方式是计算机能理解的，具有语义功能，所以这种搜索可以定义为语义搜索。第二，对搜索

进行延伸，搜索的结果可能会有很多，按照一定的规则排序，如果只取最可能的答案，就变成了问答系统，这也是知识图谱的典型应用。第三，将知识图谱与其他技术进行结合，可以充分利用知识图谱的知识，比如将用户的个性化特征与知识图谱结合，能够得到个性化推荐系统。第四，将知识图谱的数据进行深度分析，按照一定的规则推断，还可以得到辅助决策。

（一）语义搜索

知识图谱是语义搜索的大脑。[①] 语义搜索作为一个概念，起源于常被称为互联网之父的 Tim Berners-Lee 在 2001 年《科学美国人》（*Scientific American*）上发表的一篇文章。传统搜索引擎是基于用户输入的关键词检索后台数据库中的页面内容，将包含搜索关键词的页面的链接反馈给用户，而语义搜索则首先将用户输入的关键词映射至知识图谱中的一个或一组实体或概念，然后根据知识图谱中的概念层次结构进行解析和推理，向用户返回丰富的相关知识。本质是摆脱搜索中使用的猜测和近似，并为词语的含义以及它们如何关联到在搜索引擎输入框中所输入的关键词引进一种清晰的理解方式。可以简单地理解为搜索引擎的工作不再拘泥于用户所输入请求语句的字面本身，而是透过现象看本质，准确地捕捉到用户所输入语句背后的真正意图，并以此进行搜索，从而更准确地向用户返回最符合其需求的搜索结果。谷歌提出语义搜索后，国内百度的"知心"和搜狗的"知立方"也致力于利用知识图谱技术提升用户的搜索体验。例如，我们用百度来搜索"光合作用"的图片，搜出来的多数是光合作用的照片，还有少量其他内容形式的图片，说明搜索引擎理解了我们的搜索内容，给我们找到了我们想要的答案。

首先，基于知识图谱的语义搜索一直追求以人的方式理解自然语言。对自然语言的理解是否准确直接关系到搜索的质量和精准度，随着结构化和语义数据的可用性越来越高以及自然语言处理技术的不断进步，基于知识图谱的语义搜索首先能够实现以知识卡片的形式提供结构化的搜索结果。例如，当搜索"斯坦福大学"时，知识卡片呈现出的内容包括学校的地址、简介、宣传画、

---

① Amerland D. 谷歌语义搜索［M］. 程龚，译. 北京：人民邮电出版社，2015：12–31.

电话号码、本科生学杂费、创始人等相关信息。其次，基于知识图谱的语义搜索还能理解用自然语言描述的问题，并且快速给出相对精准的答案，即简单的智能问答。例如：当利用语义搜索以提问的方式输入"世界上最大的湖泊是什么"，反馈的内容页面是精确地给出里海的相关信息；当输入"世界上最长的海底隧道是什么"，反馈的页面是英吉利海峡隧道的相关信息。最后，基于知识图谱的语义搜索能通过已有知识图谱中实体的关联，扩展用户搜索的结果，从而发现更多的内容，让搜索结果变得更加丰富。例如：当搜索柏拉图时，除了柏拉图的个人简介以外，语义搜索还能返回他的相关著作《理想国》及相关人物等信息；当搜索孔子时，除了孔子的个人简介以外，还能呈现与他相关的著作，如《论语》《礼记》等书籍信息。

（二）智能问答

智能问答，可以看作是语义搜索的延伸。智能问答指用户以自然语言提问的形式提出信息查询的需求，系统依据对问题的分析，从各种数据资源中自动找出准确的答案。这种智能问答系统，就是通过一问一答的形式，用户和具有智能问答系统的机器之间进行交互，就像是两个人进行问答一样。具有智能问答系统的机器就像一个智者一样，为用户提供答案，与用户友好地进行交谈。问答系统的原理是将知识图谱看作一个大型的知识库，首先对用户使用自然语言提出的问题进行语义分析和语法分析，进而将其转化成对知识图谱的查询，最后在知识图谱中查询所匹配的答案。

作为人工智能的一个重要应用案例，智能问答系统在很多场景中发挥作用。例如，与手机智能语音助手进行语言智能互动，通过自然语言输入，可以调用系统自带的天气预报、日程安排、搜索资料等应用。它还能不断学习新的声音和语调，提供对话式的应答，越来越像一台智能化机器。又如，传统的在线客服正在部分地被智能问答系统取代。早些年银行、电信等行业的在线客服，不同业务要按不同的数字，再进入细分业务，继续选不同的数字，一直要选很多次，有了智能问答会简化这些烦琐的过程，直接根据用户的问话给出答案。当然，现在的智能问答还不够完善，只能部分取代在线客服，如果不能提供有效的答案还是要由人工客服提供服务。还有一些智能问答机器人也会提供一些

简单的服务，比如给孩子用的机器人可以提供儿歌、算术、诗词、语文、英语等方面的内容，代替了教师的一部分职能。还有一些聊天机器人可以提供情景对话，就像人一样和用户进行聊天。在教育领域中，有些智能问答系统可以根据学生的问题进行自动回答，不能回答和不确定的问题可以推送给其他学生或教师来回答。

不同智能问答具有不同特点。有些行业用的智能问答系统依赖的知识图谱是开放领域的知识图谱，提供的知识非常宽泛，能够为用户提供日常知识，也能进行聊天式的对话。像一些聊天机器人，不仅提供情景对话，也能提供各行各业的知识，并且问题没有固定的标准答案，如"形容不会说话的成语""与美人鱼相关的电影"等问题对话。有些行业用的智能问答系统依赖的是行业知识图谱，知识集中在某个领域，专业知识丰富，能够为用户有针对性地提供专业领域知识。如教育知识图谱，以学科知识为核心，建立各个学科知识点概念的层级关系、知识点与知识点之间的关联关系、不同知识点之间的前后序关系，构成学科知识图谱。利用这个图谱，可以把知识点间的关系通过可视化的形式展示给学生，一目了然，可以帮助学生构建知识体系，查阅知识要点，发现知识点之间的关联，帮助学生做反思总结，消灭知识盲区。

（三）个性化推荐

个性化推荐是基于用户画像，根据用户的个性化特征，为用户推荐其感兴趣的产品或内容，不同用户会看到不同的推荐结果，有非常重要的价值。电子商务网站是运用个性化推荐最典型的应用，它能通过行业知识图谱的丰富知识帮助实现精准营销与推荐。例如，我们使用电子商务网站上网时会经常查找一些感兴趣的页面或产品，在浏览器上浏览过的痕迹就会被系统记录下来，放入我们的特征库。如果我们想购买一台笔记本电脑，就会在电子商务网站上查看比较不同商家的笔记本电脑，当我们再次打开电子商务网站时，笔记本电脑这个产品就会优先显示在商品列表中，供我们选择。如果我们经常使用自媒体浏览体育类或社会热点类文章，自媒体类的应用程序就会记录我们的浏览次数和时长，不时地给我们推荐体育题材或社会热点的新闻。个性化推荐系统就是这样通过收集用户的兴趣偏好、属性，以及产品的分类、属性、内容等，分析用

户之间的社会关系、用户和产品的关联关系，构建知识图谱。当用户再次浏览
或输入关键词查询内容时，基于知识图谱，利用个性化算法，推断出用户的喜
好和需求，从而为用户推荐其感兴趣的产品或内容，通过"你还可能感兴趣的
有""猜你喜欢"或"其他人还在搜"进行相关的个性化推荐。

　　知识图谱已经成为个性化学习与智能教学中必不可少的基础。在教育领
域，个性化推荐已经在很多学科中都有研究和实践。通过建设学科知识图谱，
建立起学科领域知识间的关联，架起知识点与不同版本的教材、教辅、讲义、视
频、试题等各种教育资源之间的桥梁，连接学科教学资源（教材、试题、讲义、
学习单、微视频、试卷、作业等）之间的纽带。通过学生学习活动记录，建立知
识点与学生之间的关联，从而更加精准地刻画学生的知识掌握情况，更加准确
地刻画资源，实现对学生学习路径的规划和学习资源的个性化推荐。与此同
时，基于学科知识图谱也能帮助教师更好地了解学生学情，提升教研、备课等
的效率和质量。还可以利用学科知识点间的逻辑关系及学生对知识点的感兴
趣程度，设计基于学情的个性化教学设计，动态优化教学方法、调整教学策略。
此外，以学科知识图谱问答为核心技术的辅助教学答疑系统可以有效地减轻简
单重复问题给教师带来的负担，也能很大程度满足学生个性化的答疑需求。

（四）辅助决策

　　辅助决策就是利用知识图谱对知识进行分析处理，然后通过一定规则的
逻辑推理得出某种结论，为用户决断提供支持。例如，大数据时代通过数据分
析来做出商业决策和判断的沃尔玛"啤酒与尿布"的故事。这两件看上去毫无
关系的商品经常出现在同一个购物篮中，管理人员经过调查发现，这种现象经
常发生在年轻父亲的身上。原来，美国家庭中去超市购买尿布的多是年轻的父
亲，他们在购买尿布的同时往往会顺便为自己购买啤酒，于是沃尔玛超市尝试
将啤酒与尿布摆放在相同的区域，方便消费者快速找到自己想要的商品。伴随
知识图谱和人工智能相关技术的发展，人们越来越希望机器能像人一样帮助我
们发现问题、判断分析和做出决策。

　　如今，辅助决策应用早已深入实体领域，而且有些已经取得了立竿见影的
价值效果。例如：在轨道交通领域，首次实现检修计划和人工智能的结合；在

汽车汽配领域，打破供应、生产、销售、需求端的壁垒，实现全价值链优化；在流程制造领域，从前端供应到中端生产再到后端产销协同等，辅助决策正在用其特有的方式创造更多更加直接的价值。以养老服务为例，对一个地区来说，应该采用什么样的养老模式、配套设施应该如何建设才能解决老人的养老问题，这就需要对这个地区的老人、基础设施、配套情况、周围环境等建立知识库，分析老人的日常生活，发现问题，对数据进行汇总，根据已有事实得出结论，为政府制定政策提供决策支持。以学校教育管理服务为例，一个学校的学生就餐管理往往比较难，学生就餐时间相对集中，就餐队伍长，餐食的品种比较单一，食堂服务管理相对低下，学生浪费现象普遍，于是根据实际问题和需求分析，设计建设智慧食堂系统：（1）利用时间换空间，学生提前在网上选餐，每天食堂提供多种餐品供学生选择，并且每个菜品都附有对应的营养值属性，经过一定时间的选餐和用餐，建立选餐图谱；（2）基于选餐图谱的底层支撑，分析发现学生选餐的一些规律，进而指导并干预学生的选餐方式，为食堂配餐和区域管理提供辅助决策支持。

二、知识图谱未来的趋势与挑战

（一）知识图谱的未来趋势

知识图谱从最初作为辅助搜索的技术发展至今，内涵早已变得更加丰富，种类更加多样，典型的知识图谱实体越来越丰富，很多行业都在建设自己的知识图谱，它的价值正在被慢慢挖掘出来。各类相对大规模的知识图谱已经在智能语义搜索、智能问答、个性化推荐和情报分析等方面发挥了重要的作用。除此之外，知识图谱应用于医学、教育等行业领域，对于建设智能医疗、智慧教育起着支撑作用。结合通用知识图谱和领域知识图谱分类的构建技术、现状分析和应用视角，知识图谱相关的技术仍是当前研究的热点。例如：信息的抽取方式，该技术还没有典型的代表；知识推理作为知识图谱最大的亮点和功能，其技术发展成熟仍需要付出很大的努力。

而领域知识图谱将会划分更精细，交互更加频繁，但更多的领域知识图谱还处于构建完善阶段,远远没有达到投入前沿应用并发挥显著作用的地步。以教育知识图谱为例,未来会相继出现更多的教育知识图谱和各种学科知识图谱,由于教育知识图谱目前数据大量无序存在,数据自身结构复杂,数据种类多样,使其较难形成结构化的、能够被直接利用的知识体系。虽然人工智能中的深度学习数据挖掘技术不断迭代,数据挖掘的准确度和效度有所提升,但在课程知识图谱、学科知识图谱等方面还处于探索阶段,相关知识图谱的构建、存储、表示和推理等依然是知识图谱领域内的研究热点。与此同时,适用特殊的教育应用场景,如个性化学习资源推荐、智适应学习等,均是研究者关注的重点,许多问题亟须学术界和工业界共同协力解决。

(二)知识图谱面临的挑战

从 2012 年发展至今,知识图谱技术发生了一系列的变革。从两个方面来看,一方面是应用场景,另一方面就是技术生态。随着应用场景和技术生态的变化,整个知识图谱面临着全新的挑战。以前的技术手段在应对现在智能化大潮带来的挑战时,已经有些力不从心,所以需要研发一些新技术去迎接挑战。

1. 应用场景的挑战

从应用的角度来讲,知识图谱的应用趋势越来越从通用领域走向行业领域,现在的局面是通用与行业应用百花齐放。例如,Zhishi.me 通过从开放的百科数据中抽取结构化数据,首次尝试构建中文通用知识图谱。目前,已融合了三大中文百科:百度百科、互动百科以及维基百科中的数据。[①] 又如,复旦大学知识工场实验室研发并维护的大规模中文通用百科知识图谱(CN-DBpedia)。通用知识库在通用人工智能中扮演着重要的角色,是未来竞争的战略制高点,即掌握了通用人工智能技术,可以从一个战略制高点向下俯冲,这样收获领域知识图谱的成果是相对容易的,[②] 但是如果只具备领域人工智能的能力未必可以掌握通用人工智能的能力。虽然领域/行业人工智能技术更容易落地,但是从战略层面上来讲,一定要对通用人工智能予以高度的关注。领域人工智能在

① 雷洁,赵瑞雪,李思经,等.科研档案管理知识图谱构建研究[J].科技管理研究,2020,40(11):162-169.
② 杨玉,王政博.家庭服务机器人知识库的构建[J].电子世界,2019(6):103.

很多领域已经落地开花，但领域图谱的应用也不是简单的事，还具有很多有挑战性的研究问题。领域知识库构建的语料往往比较稀疏，比如在某个领域提到某个事实、某类关系的样本非常少，这个时候利用关系去构建有效的抽取模型就会变得十分困难，在样本稀疏的环境下去做领域知识图谱的自动化构建仍然是件非常困难的事情。

第二个应用场景发生变化是从搜索延伸至推荐、问答等复杂任务。例如，用知识图谱帮助搜索代码，如果能利用知识图谱理解搜索意图，并返回准确的代码，这样效率将大有提升。用户搜索输入关键字，机器给出答案，还可以为用户进行智能推荐，将来更智能的形式就是直接问答。整个知识图谱将来会在越来越复杂和多元的场景下发挥重要的作用。再进一步就是交互方式发生变化，以前的交互方式更多是基于关键字，现在越来越多的是自然语言的处理和对话式的处理，如 Google Now、Apple Siri、Microsoft Cortana，很多大公司都在研发自然语言交互的产品，这意味着自然语言交互将成为未来人机交互的主流方式。对知识图谱提出的挑战就是，对自然语言的认知到了一个新的高度，需要能够利用知识图谱帮助平台和系统更好地理解问答、上下文对话等，进而从用户提的问题来看，呈现出从简单的陈述类问题到解释类问题的变化趋势。以前用户喜欢问"what""who""when""where"这样的简单陈述性问题，现在越来越多地问"why""how"。用户对系统智能性的期望越来越高，很多用户在 Google 上问 why 类问题，但是很遗憾，Google 还不能进行回答，只能回答陈述类问题。随着"why""how"问题越来越多，解释就变得很重要，解释是未来人工智能发展的核心诉求之一，是人机互信的前提。再进一步，隐式关系发现、深层关系推理将成为智能的主要体现之一。从技术生态的角度来看，人工智能也发生了很大的变化。从机器学习来看，虽然深度学习发展非常迅速，并且在样本数据丰富的场景下取得了很好的效果，但是机器学习仍然存在很多问题。如小样本学习、无监督学习手段有限，现有模型难以有效利用大量先验知识。从自然语言处理角度来看，虽然自然语言处理在深度学习的推动下取得了很大的进展，但是自然语言处理离实际应用需求还很远，还只是在处理阶段，远远谈不上理解。从知识库本身来看，英文图谱积累迅速，发展得相当成熟，并且在很多应用中发挥了巨大的作用，但是其他语种的知识图谱十分缺乏。虽然现在知识图谱很多，但是大部分都侧重在简单事实，对于常识的覆盖仍然十分有限。很多知识图谱都是依赖手工构建的，如何从大规模数据里用数据挖掘的方法自动挖掘出知识图谱的手段仍然缺乏。

2. 技术生态的挑战

知识图谱技术的挑战主要表现在知识表示、知识获取和知识应用三个方面。在知识表示层面，越来越多的领域应用不仅仅需要关联事实这种简单知识表示，还要表达包括逻辑规则、决策过程在内的复杂知识，需要同时表达静态知识和动态知识。简单知识图谱已经不足以解决领域的很多实际问题。如何增强知识图谱的语义表达能力，如何综合使用多种知识表示来解决实际应用中的复杂问题是非常重要的研究课题。在知识获取方面，领域知识图谱的样本一般很小，如果需要构建抽取模型，那就需要基于小样本构建有效的模型。目前基于小样本的机器学习仍然面临巨大挑战。解决这一问题的思路之一就是利用知识引导机器学习模型的学习过程，具体实现手段已经有不少研究团队在开展相关的探索工作。在知识的深度应用方面，如何将领域知识图谱有效应用于各类应用场景，特别是推荐、搜索、问答之外的应用，包括解释、推理、决策等方面的应用，仍然面临巨大挑战，仍然存在很多开放性问题。

▶ 第二章

知识图谱的
教育应用场景

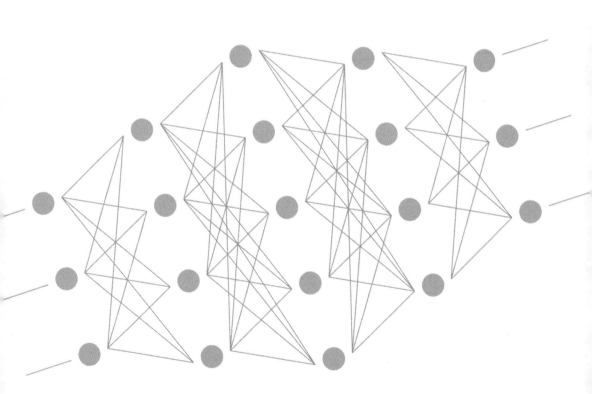

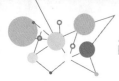
本章导读

知识图谱最早应用于搜索引擎,一方面通过推理实现概念检索,另一方面以图形化方式向用户展示经过分类整理的结构化知识,从而使人们从人工过滤网页寻找答案的模式中解脱出来,可应用到智能问答、自然语言理解、推荐等方面。[①]

知识图谱的价值归根结底是为了让人工智能变得更智慧。

知识图谱的应用已非常普遍,助力搜索、助力推荐、助力问答等,在这些应用中,知识图谱为上述功能的实现提供了强大的背景知识库。这正是知识图谱的价值所在。

教育是"传道授业"的事业,"因材施教、有教无类"是教育实施的理想,知识图谱让知识结构化、有序化,将知识的关系可视化表达,这为资源的个性化推荐提供了可能。

教育部发布的《教育部等六部门关于推进教育新型基础设施建设构建高质量教育支撑体系的指导意见》,开启了教育信息化行业的新时代。指导意见指出,系统梳理各学科的知识脉络,明确各知识点间的关系,分步构建国家统一的学科知识图谱。对现有资源进行分类标识,匹配学科知识图谱。

学科知识图谱构建,已成为教育新基建的重要部分。

知识图谱除了教育资源的分类标识外,在教育领域中还有哪些应用?

在学习本章之前,请您思考:

1. 知识图谱构建的意义是什么?

2. 学科知识图谱在教育领域有哪些应用?

3. 学科知识图谱对教育质量提升有哪些价值?

---

① 刘峤,李杨,段宏,等.知识图谱构建技术综述[J].计算机研究与发展,2016,53(3):582-600.

第一节　支持教与学的精准检索

一、知识图谱的精确检索

知识图谱的诞生起源于搜索引擎这一痛点，在知识图谱技术引入之前，搜索引擎无法理解被搜索的关键词，只能实现统计意义上的关联分析，同时也无法给出坚决问答，一般是返回信息所在的网页链接，让搜索直通答案成为搜索引擎的核心需求。2012 年 5 月，谷歌推出了 Knowledge Graph（知识图谱）功能，标志着知识图谱技术开始大规模应用。比如，在谷歌浏览器中输入姚明的身高，在搜索结果中直接给出具体的身高值，而在右侧还给出了姚明的关键信息，如出生年月、家庭情况等结构化的信息卡片，甚至还包括一些与姚明关系密切的人物，让用户不需要点击信息出处的网页便可得到想要的结果。谷歌知识图谱一出，便激起业界的强烈关注，美国的微软必应、中国的百度和搜狗等搜索引擎公司在短短的一年内纷纷宣布了自己的知识图谱产品，如百度的"知心"、搜狗的"知立方"等。在语义搜索方面，能做到更加全面、准确地查找自己需要的信息，如在百度中搜索"苹果"，优先出现的不是作为水果的苹果，而是作为科技公司、科技产品的苹果。

基于知识图谱的搜索，能提供直接、简洁和丰富的信息，因为知识图谱会将人名理解为一个实体，也就是一个现实世界中的人物。每个实体在知识图谱中是一个节点，这个节点与其他节点连接就形成了一张巨大的网，把人物联系起来，从这张网中可以通过某关系找到连接的实体。

知识图谱也在不断融入其他的产品，以服务广大用户。例如，谷歌公司的 Google Play Store 中的 Google Movies and TV 这个应用添加了一个新的功能，当用户使用安卓系统观看视频时，暂停播放，视频的旁边就会自动弹出该屏幕上人物或者配乐的信息，这些信息就来自谷歌知识图谱。谷歌会圈出播放器窗

口所有人物的脸部，用户可以点击每一个人物的脸来查看相关信息。

二、学科领域的知识检索

目前的网络教育资源是以各类知识库和网页信息为主的，存在资源重复，知识表达方式不一致，且较为松散，缺乏有效管理，知识检索效率不高，无法进行关联知识的深度检索等问题。

有了知识图谱，当学生搜索某个知识点时，虽然看起来很微观，但打开后是非常宏观的世界，从一个点就能打开一个知识面，甚至是一个知识空间。

三、知识图谱应用于教育领域的现状

知识图谱是随着信息革命出现的一种新兴知识管理方法，在农业、医药生物、金融保险、零售通信等众多领域都得到了广泛的应用。近年来，国内外专家一直致力于研究和开发高质量、大规模的通用知识库与领域知识库。在教育领域内，知识图谱常用于分析某一学科领域的研究情况，帮助学生和教师了解学科的发展和基本知识，并结合知识图谱的隐含语义信息，促进知识的高效利用和教学新模式的探索。Hall 在教学中引入知识图谱作为辅助教学工具，对知识图谱对学生认知和情感方面的影响做了相关研究和实验，结果发现知识图谱可以有效提高学生的学习效率。[①] 在线教育平台可汗学院构建数学学科的知识地图来表示知识点之间的先后依赖关系，进而准确获取学生的知识掌握情况。美国的在线教育平台 Knewton 将不同学科、学段的知识点以及所有的学习资源链接在一起，形成了一个巨大的知识地图。该平台以这个知识图谱为基础，推送个性化的学习资源以及推荐个性化的学习路径等。国内方面，清华大学知识工程研究室构建了中国第一个基础教育 RDF 知识图谱 eduKB。该图谱具备图搜索、推理和查询等功

---

① Hall R H, O'Donnell A. Cognitive and affective outcomes of learning from knowledge maps ［J］. Contemporary Educational Psychology, 1996, 21（1）: 94–101.

能，并且能够基于学科知识图谱为学习者提供准确、简洁的问答服务。^①康准等构建的初高中生物学科知识图谱问答平台为学生提供自主、实时的生物知识问答服务，使学生获取知识的途径变得更方便和快捷。^②冯俐基于古诗文网页数据构建了中学语文学科知识图谱并视觉化呈现学科内容，有助于学习者从宏观层面了解中学语文学科内容。^③刘苏蕙结合知识图谱可视化分析四年级数学知识体系及学生数学知识的缺陷情况，教师针对学生目前的知识缺陷情况，能够更合理地开展教学和学习指导工作。^④朱臻通过知识图谱技术设计和实现了一种初中英语选题系统，利用学生英语水平推荐选题和基于学生错题情况推荐选题，满足了学生个性化练习的需要，帮助教师发现学生的学习弱点，巩固学生对薄弱环节知识的掌握。^⑤近年来，学科教学与知识图谱技术的融合，涌现出一大批有特色的应用场景，正在驱动教学领域的智能化改造，为教学范式革命提供了有力支持。

第二节　支持教师备课的智能化改造

　　教育智能化改造是以信息化、数字化、网络化、智能化为重要特征，对原教育系统进行迭代升级，是在原基础上的扬弃和进化过程。知识图谱技术能够支撑教师备课、教学和课外辅导。教师往往是基于自身的经验和局限的认知来上课，难以把握每位学生现有的知识基础。知识图谱技术通过收集和分析学生信息，并进行统计和分析，为教师提供个性化的、有针对性的教学支持。课前，知识图谱技术可以推荐相关的教学资源，辅助教师进行教学规划。利用数据挖掘技术获取的学生学情数据，可以帮助教师制定教学策略，做到决策数据化。课

---

① 李艳燕，张香玲，李新，等.面向智慧教育的学科知识图谱构建与创新应用[J].电化教育研究，2019，40（8）：60-69.

② 康准，王德军.基于知识图谱的生物学科知识问答系统[J].软件，2018，39（2）：7-11.

③ 冯俐.基于Neo4j图数据库构建中学语文诗词知识图谱[D].陕西师范大学，2019.

④ 刘苏蕙.基于知识图谱的小学生数学知识缺陷研究[D].西北民族大学，2019.

⑤ 朱臻.基于知识图谱的初中英语选题系统及应用[D].中央民族大学，2016.

中，使用制定的教学策略进行有针对性的教学，讲解知识点，或分组讨论。课后，推荐相关习题，根据学生的学情状况和学习能力，个性化地推荐针对性练习，以进行知识巩固。将动态数据分析和动态学情诊断贯穿教学全过程，实现因材施教，让教学决策数据化。基于用户画像个性化地推荐巩固习题，做到个性化教学。知识图谱技术不但可以开展数据收集，还可以对海量数据进行分类，总结问题并给出针对性建议。教育决策不再以经验为主，而是以规模化的数据和智能算法为中间媒介，由数据智能驱动，走向智慧化决策，让决策有规律可循。知识图谱技术利用教学数据帮助教师进行判断和决策，使教师能更精确地推送资源，实施个性化教学和因材施教。

一、教师备课现状

对教师而言，一节成功的课始于备课。备课是教师根据学科课程标准的要求和本学科的特点，结合学生的具体情况，选择最合适的教学方法，以保证学生高效地学习，培养学生的学科能力及核心素养。备好课是上好课的前提，对教师而言，备好课可以加强教学的针对性，有利于教师充分发挥主导作用。备课的内容包括备课程标准、备教材、备学生、备教学方式等。

传统的备课模式，通常是基于教师个体过往的课堂教学经验以及教师的个人理解。不同班级的不同学生，其理解能力、接受范围有所不同，这样的情况仅凭教师的经验、理解，显然不能完全涵盖。将学生排除在外的备课是不全面的、不深入的，因此也无法实现较高的授课效率。

网络信息时代，教师备课时可以选择的资源非常多，然而过多的资源搜索、筛选、利用往往也会占据教师备课的大量时间，且还未必能快速、有效地获得教学相关的优秀资源。

当今教师备课面临的困难是，既要快速、便捷地获取与教学内容相关的资源，如视频、图片、练习题等，还要更科学、全面、精准地了解学生，并根据学生的情况高效地调整备课方案、调配教学资源，以解决学生存在的问题，从而开展高质量的教学活动。

二、知识图谱成为教师备课的助手

知识图谱在辅助教学中的应用，主要体现在两个方面。一方面是通过对学情的精准分析，系统进行相关的巩固练习推荐，有针对性地制定教学策略，提升教学针对性。另一方面是辅助教师完成备课、教研、出题、试题分析等工作。系统可以为教师推荐同类相关的资料（教案、课程讲解规划、作业等），以提升教师的教学效率。基于图谱的搜索也可以更精准地返回所需内容。

基于知识图谱的智能教学平台可赋能教师，使备课得以个性化定制。平台可方便地生成教师的备课数据，记录教师的选题和组卷信息，以及学生的预习情况、课后习题表现等教学信息，运用大数据分析技术进行学生精确画像，让教师可以清晰地看到学生的特点，并根据学生情况调整备课，让备课真正实现大数据化、电子化、智能化、个性化。

（1）第一轮备教学内容。初步筛选教学内容，准备教学资源，目的是能够围绕教学目标选择相应的教学资源。

（2）备学生。了解并判断学生的已有知识、已掌握学习内容，初步勾勒学生数字画像，初步建立班级学习模型。

（3）第二轮备教学内容，确定教学目标。基于学生数字画像及班级学习模型，合理增加或删减教材资源，科学设计教学目标；建立适合学生个性化发展的教学资源，促进学生学习。

（4）备教学方法。准备相应的教学方法，实现精准教学，促进学生学习。

三、用知识图谱技术实现翻转课堂

由于个体的性格和行为习惯不同，每位学习者都存在学习差异和偏好差异，个体学习表现出来的行为方式与特征也必然存在差异。因此，长期以来单一的学习路径已不适合所有学习者，不同的学习者个体适合的学习模式不一样，设计多种学习模型满足不同学习者尤为必要。

2000年，迈阿密大学的三位教授在讲授"经济学入门"课程时，先让学生

在家里或实验室中通过互联网观看视频，上课时把学生分成小组共同完成作业，这是翻转课堂的雏形。2007 年，美国科罗拉多林地公园高中的两位化学教师把自己的讲课制作成视频上传到网络，帮助缺席学生补课，收效很不错，翻转课堂模式得到进一步推广。

互联网和视频等信息技术的发展使得翻转课堂的理念和模式能够实现。随着该模式不断实践和深入发展，翻转课堂对技术的要求也越来越高。目前，通常以平台的形式整合相关的技术，以支持翻转课堂模式的教学，如智慧学习平台、微课教学平台、个性化网络学习社区等。

知识图谱技术的应用能更好地实现翻转课堂教学。通过云计算、大数据、智能管理和自适应检测等技术，解决教学中的学习资源开发、学习路径制定、教学交互和学习评测等问题；通过智能推送、数据挖掘和评价反馈，让教学的全过程得到智能化的技术支持，达成互动式、个性化、适应性的学习过程；实现与各类通用在线教学平台的无缝衔接，支持教师和学生的多场景、混合式教学，支持基于大数据的学习行为分析和精准教学。

第三节　支持教学资源的智能化改造

一、教学资源智能化改造的可能性

随着大数据、VR 技术、物联网、人工智能等新一代核心技术的应用，教育由信息化逐步向智能化发展，教育资源也需要进行相应的智能化改造。一是通过新技术的应用，实现教学资源的智能化、科学化推送；二是针对学生实际情况，设计和提供个性化资源学习方案。

资源的智能化改造将进一步促进数字教学资源的共享与推广，增强大数据等技术与数字教学资源的融合；规范数字教学资源的共享、数据采集等过程，保障资源数据的合理有序发展，提升其安全性与综合质量；深度挖掘大数据、人工智能等技术在教学资源开发与共享方面的潜在价值，以大数据技术构建资源应用链，提升数字教学资源的应用性；推动数字教学资源的开发、分类、优化、应用与传播。

　　传统教材是人能看得懂而机器看不懂的固化的读物，教材的解读依赖于教师这一媒介。数字教材作为资源的融合体，是资源智能化改造的载体。数字教材虽然以图形、图像、音频、视频等形式呈现，但仍很难改变知识内容，无法根据学习对象的个性做出调整。当下，在大数据、人工智能、区块链等新兴技术的推动下，数字传播技术有了新的、划时代的发展，学习资源的个性化、智能化、丰富性、交互性、动态性不断增强，技术赋能为教材增添了新的教学场景想象力，固化的教材体系开始向人机交互和智能协同的方向发展，凝固的教材逐渐具备感知、分析甚至是"思考"的智能，促进了数字教材新一轮的升级。以数字教材为载体进行资源的智能化改造，是教学资源智能化改造未来发展的重要趋势之一。

二、智能型数字教材系统的特征

　　智能型数字教材系统是数字教材发展到智能时代的新产物，具有形态丰富、智能交互、个性化推送、精准的学习支持服务等特征。

　　智能型数字教材系统融合图形、图像、音频、视频、3D、VR、AR 等资源形态，学习者可以采用触摸、语音、手势、眼动等交互通道和交互技术，如屏幕触控技术、传感感应技术、语音交互技术等，以自然、并行、协作的方式进行人机交互。它能感知学习者的个性化需求，为学习者推送动态的教材内容和个性化的学习资源，自动生成学习路径，从而更好地支持学习者的个性化学习；还可以根据学习者的学习行为和结果的记录进行智能诊断与评价，为学习者提供更精准的学习支持服务。

三、知识图谱支持智能型数字教材的改造

　　学习资源的改进离不开知识图谱。借助智能型数字教材系统载体，知识图

谱可以让教育资源自我进化，同时实现教与学的人机对话。知识图谱能够建立知识与知识之间的联系，让机器像人脑一样思考，让机器学会对试题进行判读，给出指导性建议，甚至与学习者进行人机对话。结合知识图谱和学习过程数据，系统能判断学习者哪里不懂，相当于给教师配备了一个人工智能助手，在增强对学生的个性化指导的同时也能减轻教师辅导学业的负担。

第四节　支持自适应学习系统迭代进化

一、自适应学习的背景

当下，线上教育领域最受追捧的便是"AI+ 教育"。而自适应学习则是"AI+ 教育"领域的"黎曼猜想"，是业界和学界都想努力摘取的圣杯。

自适应学习到底是什么？在维基百科的解释中，自适应学习（Adaptive Learning）是一种以计算机为互动教学设备、根据每个学习者独特的需求来安排人力和教学材料的教育方式。计算机根据学习者的学习需求，比如他们对问题的反馈、任务和经验等，来调整教育材料的呈现。

事实上，早期的自适应学习并没有这么具体化、智能化，当然也不依赖现在流行的 AI 技术。这个概念最早出现在 20 世纪 90 年代美国的"智能辅导系统"中，当时所谓的智能其实就是按学习水平的高低对学生做一个简单的分层，把学生分成好、中、差等几大类，让每一类学生都匹配到他们最需要的学习内容和路径。这是一种十分粗糙的个性化教育，其理念与当下的分层教学如出一辙，只是出现得更早而已。

过去 10 年间，自适应学习受限于技术发展，在教育领域的成功案例较少。大家实践时都会遇到一个两难的问题：该把学生分成几层，才能让每一层的学生都有自己最适合的学习方案？理论上来说自然是越多越好。但分层越多，对测评和教研的要求越高，成本也就越高。计算机驱动的自适应学习虽然会遇到很多困难,但也成为重要的突破口。

　　近几年,人工智能技术的突破让自适应学习重新燃起了希望。基于人工智能技术的自适应学习系统能够将学生分层做到极致,甚至能根据每一个学生实时的学习情况,动态调整下一阶段的学习内容和方式,从而实现可规模化的个性化教育。可以说,自适应学习因为人工智能技术得到了发展,因材施教的美好愿望不再那么遥不可及。

　　常见的自适应学习往往离不开学科知识图谱、学习者模型和教学策略模型等内核。知识图谱不仅能够帮助学生建立较为完整的知识体系,明确学习目标,提高学习效率,而且有助于教师迅速发现学生的学习弱点,进行有针对性的答疑,从而有效提升教学质量。

　　自适应学习系统能构建学习者模型,了解学生的学习特征、学习状态和需要的帮助。一是了解学习者的学习特征、学习风格、能力倾向,即基于学生的基本信息、多元智能测试和霍兰德职业兴趣测试初始化学习者模型,根据预置程序性和方法类知识构建初始的知识模型,从而为学习者推荐研究方向和学习资源,并提供学习流程引导和支持。二是了解学生所处的学习状态,即通过主动感知学习者对文本、视频、图片等学材的操作数据和学生的社交数据,获取物联网技术(如传感器、摄像头等)提供的学习情境和学习者状态(如眼动跟踪、情绪感知等),感知学习者所处的情境和学习进程等。一方面,不断更新和完善学习者模型;另一方面,依赖智能推理引擎适时推送有效的学习资源(如系统预置的与方法论相关的微视频、动画、案例、文本等)和任务,辅助教师引导、激励和服务学生完成学习任务。三是了解学生需要什么支持。越来越多的学习者行为和结果数据被实时记录,这不仅能为学习管理、服务和评估提供客观依据,还能基于智能技术进行数据挖掘,以实现学习者模型、程序性和方法类知识模型、个性化教学策略模型的重构和调优,推动系统不断进化,为学习者提供更精准的自适应学习服务。

　　专家经验与机器学习相结合、知识图谱与学习行为数据相结合,形成教学策略模型,支撑大规模因材施教。教学策略模型是规范,也是引导。教师上岗前,大多学习了大量理论知识,如多元智能理论、认知心理学……但大部分教

师很少在教学中践行这些理论。自适应学习的概念模型如图 2-1 所示。

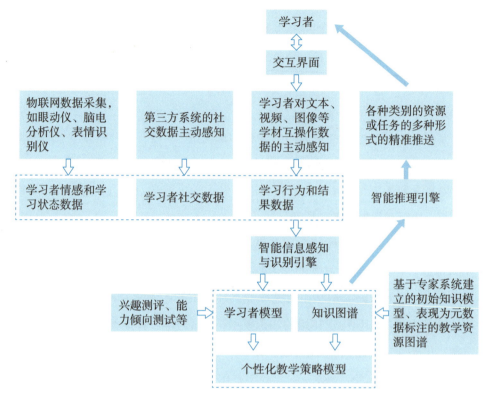

图 2-1　基于知识图谱的自适应学习系统概念模型 ①

二、自适应学习的主要理论

（一）项目反应理论（Item Response Theory, IRT）

IRT 理论是用于描述一个学生答对一道题目概率的非线性函数，其中囊括了学生的能力（θ）、题目难度（b）以及题目的甄别度（a）。② 传统的 IRT 模型已经在教育界中被广泛应用，并证明了其有效性。笔者团队对 IRT 模型进行改进

---

① 张治，徐冰冰.人工智能教育大脑的生态架构和应用场景 [J].开放教育研究，2022，28
（2）：64-72.
② 林健，闫华，武兵.计算机自适应考试理论分析[J].太原理工大学学报，2004（2）：
221-224.

并使其更加适合中国学生的生物学习习惯。在学习的过程中,不仅仅简单地涉及学生对生物知识点的掌握,同时学生的心理和精神状态也会影响他们对外界的反应。在笔者团队搭建的算法引擎中,学生对事物的感知过程亦被量化与模拟;同时,学生的各种心理活动,如粗心大意、紧张、注意力不集中、作弊、猜测答案等都能被算法感知,从而得出更加精确的结论,实现真正意义上的帮助学生提高学习效率。

(二)知识空间理论(Knowledge Space Theory)

知识空间理论经过 20 多年的发展,也常被认为是一种教育测试理论。根据知识空间理论,某个学生的知识状态被定义在全部题目的集合 Q 中,而他所能掌握的知识的题目子集,记作 X。各题目之间存在某种前提关系。例如,在某个高中生物学的分数测试中有两道题目,第一题是关于叶绿体结构的,第二题是关于光合作用的。显然,第一题是第二题的前提,如果学生没有掌握第一题的知识,那么就不会做第二题。这种前提关系可以确定 Q 中哪些如 X 的子集是学生的知识状态。学生所有可能知识状态的集合(包括空集)成为知识结构,满足对且封闭的知识结构成为知识空间。根据这一理论编制的测验有较高的内容效度,很适合用于测量及诊断学生掌握知识的情况。[①]

(三)自主学习理论(Autonomous Learning)

自主学习是与传统的接受学习相对应的一种现代化学习方式。顾名思义,自主学习是以学生作为学习的主体,通过学生独立地分析、探索、实践、质疑、创造等方法来实现学习目标。《基础教育课程改革纲要(试行)》在论及基础教育课程改革的具体目标时指出:"改变课程实施过于强调接受学习、死记硬背、机械训练的现状,倡导学生主动参与、乐于探究、勤于动手,培养学生搜集和处理信息的能力、获取新知识的能力、分析和解决问题的能力,以及交流与合作的能力。"而学习的"自主性"具体表现为"自立""自为""自律"三个特性,其中自为性又包含自我探索性、自我选择性、自我建构性和自我创造性四个层面的结构关系。

---

① 傅骞,孙波.知识空间理论与项目反应理论对比研究[J].中国电化教育,2004(5):75-76.

三、国内外主流的自适应学习系统

21世纪以来，国际上出现了数十种以自适应学习为核心的学习系统。下面根据近年来的影响力和自适应学习的效果，选取了3种国际主流的自适应学习系统进行比较分析，分别为 Knewton、LearnBop、高木学习。

（一）Knewton

Knewton于2008年成立，因与培生教育（Pearson Education）全面合作建立大型自适应测评项目为行业瞩目，是最早完成商业化的自适应教育公司。许多后来者，包括国内的义学、论答，都将其视为现行自适应学习的鼻祖。

Knewton是一家提供自适应个性化教育平台的公司，拥有强大的实时推荐引擎，可以用数据来看学生的学习行为，测量学生的水平，以此预测学生未来的表现，提高学生的学习效果。它主要通过三项核心服务来优化学习过程：为学生提供内容推荐服务、为教师提供学情分析服务、为内容提供商提供内容洞察和分析服务。学校可以通过Knewton平台为学生提供自适应学习支持。Knewton的旗舰产品Alta于2017年秋季开始试运营，2018年1月正式发布，目前已有36款课件产品可供使用，学科以数学为主，还包括化学、经济学和统计学。Alta的工作主要是不停地提问。学生回答正确，系统可能会提供一些难度更大、更为高阶的内容；如果回答错误，则会试图找出学生的知识漏洞并提供复习材料。这个应用场景的背后是Knewton耗费10年时间取得的2项专利——知识图谱和自适应学习引擎。知识图谱绘制出给定课程中的学习对象，以及学生要想掌握某一概念所需要具备的技能和能力之间的关系。自适应学习引擎则决定学生接下来需要哪些学习材料。

Knewton的自适应学习系统以项目反应理论（IRT）、概率图形模型、凝聚层次聚类和知识图谱为主要理论框架。其中，项目反应理论构建了学生能力与测评结果之间的联系，为出题难度、试题级别、包含知识点、学生当前能力下的正答率预测给出了理论依据。概率图形模型用于动态优化下一步推荐的学习内容，建立众多学习活动的观测数据与系统推荐有用的评估之间的重要联系。凝聚层次聚类为大规模学习者群体如何进行分组及其分组依据哪些学习特征提供了核心算法基础。知识图谱则为适应性学习系统向个体确定何时、何处、如何以及提供何种学习内容和学习路径提供了更加精确的个性化适应性学习支持。

Knewton 的内容属于半开放性质，一部分内容是平台自身提供的，另一部分内容允许用户添加或修改。更多时候，Knewton 提供的是自适应测评工具服务，为客户提供 API 接口。目前，其适用范围涵盖了 K–12、高等教育和职业教育。

（二）LearnBop

LearnBop 于 2012 年 6 月发布，其设计灵感来自卡内基梅隆大学人机交互研究所与匹兹堡学习科学中心对智能导学与学习科学的研究。LearnBop 致力于分解生物知识，并通过自适应学习的方式让学生独立自主地学习和解决问题。

LearnBop 是一个典型的以自适应内容为亮点的自适应学习工具，它把复杂的问题分解成简单的步骤，同时为每个步骤精心设计引导性提示与教学性视频。引导性提示引导学生将已知的概念与现在的问题联系起来，唤起学生的先验知识，以启发学生解决此问题。教学性视频提供相关知识的讲解，让学生在回顾先前知识的同时独立思考解决此问题。在答题的过程中，学生可以根据自身情况选择相应的帮助。LearnBop 为学生呈现的引导性提示与教学性视频是渐进的，这种逐步导学的过程正是模仿学生的自我思考过程，一步一步将学生带入学习情境中，提高学生对学习的积极性与参与度，同时训练学生的思维水平，促进学生对知识的深入思考与积极探索。此外，在提交答案后，LearnBop 会自动呈现即时性反馈，不仅显示答案正误，对于错误答案还会显示纠正性反馈，并鼓励学生再次尝试。

LearnBop 现已发布数千个生物问题，涵盖美国 K–12 教育阶段数百个生物概念，并有 5000 多名学生与 500 多名教师在 100 多所学校中使用。

（三）高木学习

高木学习采用了自研的知识路径矩阵（KPM）来描述知识空间内有限节点之间的相互关系，它的特点是：（1）教育领域中总结的知识节点之间的关系本质上是在语义空间中有重叠的多个信息集合；（2）层级结构只是这种关系的粗糙简化和总结，因此也能通过信息理论量化。

目前广泛应用的知识图谱技术脱胎于第三代搜索引擎，它相比于知识路径

矩阵，在描述点与点之间的相互关系上存在天然的不足。例如，传统的知识图谱认为知识点的前序关系是绝对的，两个知识点不可能互为前序知识点。这种做法在处理一元一次方程和二元一次方程这两个知识点之间的关系时或许没什么影响，但是在处理诸如方程与不等式、代数和几何之间的关系时便会无所适从。而知识路径矩阵（KPM）通过增加维度，科学地处理了类似的相关关系，为基于知识路径矩阵的评估、内容推荐、路径规划打下了良好的基础。

学习过程中，高木 AI Tutor 在与学习者的日常交互中深度采集学习行为数据，构建学习者模型；通过深度融合最优学习路径规划算法、智能标签算法、知识图谱演化算法等构建算法模型，并基于认知规律、教育心理学、知识空间理论等先进教育技术搭建教学策略模型。通过学习者模型反馈的具体学习情况，教学策略模型能调整学习者的训练策略，实现对学习者在特定知识空间内的精准评估、个性化内容推荐和最优学习路径规划，以适应学习者的特点、需求、偏好等，从而提升学习效率、学习动力和学习能力。

知识图谱技术能够支撑学生的个性化学习。知识图谱的构建，可供使用者在从图谱中获取学习资源的同时，也获取学生学习数据，从而了解学生的兴趣爱好、能力倾向、学习风格，为学生推荐适合的学习资源，定制个性化学习路径，尽可能地让学生花最少的时间达到理想的学习效果。个性化学习让教学目标、教学方法、教学内容及教学顺序可能因学习者的需要而有所不同。[①]

知识图谱技术能够解决"推荐"问题。在日常生活中，人们已经能够感受到人工智能推荐无处不在。知识图谱技术能够在传统推荐的基础上，利用直接图谱的特征、结构、可解释和语义等核心技术，结合实体之间更深层次、更大范围的关联，提供更精确、更智能的推荐。

在互联网的学习环境中，以学习者为中心就是要让学生按照自己的需求，自主制订并执行个性化学习计划，选择合适的学习内容和策略，通过互动不断获得反馈，从而监控自己的学习过程并进行自我评估，然后根据评估结果调整下一步的学习计划，从而实现优势最大化、个性发展的效果。

① 张治，徐冰冰．人工智能教育大脑的生态架构和应用场景［J］．开放教育研究，2022，28（2）：64-72.

基于知识图谱和数据分析技术，快速地检测、定位学生的学习状况和薄弱点，基于对学生学情更加准确的判断，利用知识点之间的关联关系（包括前后序关系），可以合理地为学生做有针对性的推荐，包括相关的内容以及学习策略、学习路径规划。将"精准检测—内容推送—路径规划"整个流程作为动态闭环，稳步提升学生对知识的掌握程度。

精准检测学习水平，找到薄弱知识点。通过对学生过程化动态学习数据的自动分析，检测学生的学习水平，精确诊断学生的学习情况，并分析学生掌握薄弱的知识点。

基于图谱的推荐，融合基于内容和协同过滤等推荐技术，为学生推荐更加有针对性的内容。如，为学生推荐优质学习资源和个性化学习资源，实现对错题举一反三，使学生摆脱题海战术，大幅减少学生重复练习的时间和课业负担。基于知识图谱的推荐，还可以从概念、前后序、属性等维度给予推荐结果解释。

为学生提供学习路径规划服务。基于知识点间的关系、学生自身的学习偏好、学习能力等多个维度，为学生量身定制个性化学习方案，使学生从原来的表层知识学习，逐步深入到深层学习。

未来，如果每门课程都有知识图谱，可以使自适应学习得以实现。知识图谱不是资源库，但比资源库更强大。知识图谱是显示知识发展进程与结构关系的一系列不同的图形，用可视化技术描述知识资源及其载体，挖掘、分析、构建、绘制和显示知识及它们之间的相互联系。人与机器的本质区别是认知能力，知识图谱能帮助机器具备一定的认识能力，使机器不断学习，让机器变得更有学识。知识图谱会嵌入学习系统，让大规模的因材施教成为可能。知识图谱在基础教育领域中已经出现一些有益的尝试，如在教育领域耕耘并日渐崛起的科大讯飞、上海市电化教育馆张治等开发的研究型课程自适应学习平台MOORS 等。

科大讯飞深耕教育赛道 18 年，致力于推动教育现代化。科大讯飞研发团队在行业内创新提出融合不同角色实体语义信息的知识图谱嵌入模型 InterHT，将知识图谱技术应用到教育领域，提升预测效果；通过"知识图谱找弱项"，帮助学生找到学习弱项，为实现个性化精准学习提供助力。2022 年 2 月，科

大讯飞以第一名的成绩登顶世界顶级人工智能挑战赛 OGB（Open Graph Benchmark）知识图谱榜单。OGB 是斯坦福大学发布的国际知识图谱基准数据集，包含知识图谱中的节点预测和关系预测等任务。该榜单数据量庞大且极具应用价值，数据集描述了现实中约 250 万个实体之间的 500 多种不同关系。调整任务是在 1700 万个事实三元组中精准预测实体间的潜在关系，挖掘出正确的新三元组。通过 AI 技术的系统性创新，促进"五育并举"，研发政府鼓励、师生认同、家长信任的教育产品。其新推出的学习机，能对学情做分析、对学习做推荐、对语言做提升，通过人工智能助力学习减负增效。

四、自适应学习的优势

（一）形成学习者画像

学生进行基于知识图谱的自适应学习，系统会产生大量的学习数据，这些数据不仅包括学生对学科概念的掌握情况，也包括学生的学习偏好、学习路径、学习思维、每个概念学习的时间等翔实数据，这些数据可以对每一个学生进行画像，全面展示学生的状况。

（二）制定学程并记录学习过程

学生在达到学习目标的道路上，向前的路径、需要的支持都是不同的。屏幕读取学生学习过程中的各种动作，记录学生的学习行为和路径，形成分析结果并及时反馈。结合知识图谱，通过学生自主选择或系统智能推荐等方式，为学生提供个性化服务。

（三）生成个性化的作业

统一布置作业忽视了学生的个性，作业的同质性与学习的个性化之间存在严重冲突。基于知识图谱的自适应学习可以利用学生学习的大数据，针对每一个学生的学习自动生成个性化作业，让每一个学生的作业都不同，实现减负增效。

（四）尊重不同学习方式

学生的学习"千人千面"，不同学生的学情状况、学习偏好和学习路径不同，为每一个学生都安排一名教师显然是不切实际的。基于知识图谱的自适应学习系统就像为每个学生请了一个学习助手，学生可以通过与助手的个性化"对话"，找到适合自己的学习方式。

第五节　实现人机协同教学

未来的学校应该是更加智能的学校，人机协同是未来学校教育的常态。该交给机器的教学活动就要交给机器；该让机器辅助的，就要大胆让机器辅助教师的教学活动，代替教师很多的重复劳动；需要现场互动、实践参与，或是进行思维对话和教学建构的，还是要在人机协同下发挥教师教学的线下教育优势。

一、人机协同的教师教学样态

人工智能时代，教师角色将会发生一些转变，教师的部分知识性或事务性工作将被智能技术产品取代，而教师的育人、规则制定执行和知识启发引导等角色则越来越重要，教学模式也将趋向教师与机器的协同教学。教师课堂教学的人机协同体现为以下几方面。

（1）教学任务的分工协同。课堂教学中更新知识库、知识传递、作业批改、信息管理等机械重复的工作可交由人工智能来处理，而教师主要负责教学方案设计、学生能力提升、知识启发联想、师生情感交流等创造性教学工作。如此，根据 AI 代理和教师各自的优势开展分工协同，既可保证教学的质量和效率，又可获取可供分析的海量学习数据。（2）教学活动的辅助协同。AI 助手与教师之间的关系，就如同检测仪器与医生之间的关系，教师借助 AI 助手进行"病情诊断"，确定"病症"，并分析"病因"。因此，在教学活动中，AI 助手通过承担前期的信息采集、识别和分析工作，使处于模糊状态的教育信息以明确的方式呈现出来，为教师对信息背后的教育现象做出合理的阐释提供数据支持，促使教师做出正确的教学决策。（3）教学方法的适宜协同。人工智能能基于学生认知行

为大数据和学科知识库，获取学生的学习需求，分析学生的认知行为特征，进而明晰学生的学习方式；同时还能通过设置好的规则和海量数据，学习教师在真实情境下处理问题的方式，获得媲美优秀级教师的主观认知能力和创造力，进而确定教学方式，为学生选取适宜的教学方法，实现个性化教学。但这一过程离不开教师的规则设计和指导。（4）教学主体的交互协同。师生交互是教学活动的中心，师生是传统意义上的教学主体。但当前的一些智能产品已具备独立处理教育信息的主体性，并能够参与师生之间的社会化交互，与师生共同构成"学习共同体"的多元交互结构，实现多主体共同进化。在人机协同的课堂教学中，教师不再是唯一的主导，而是教师和机器双主导。机器主要解决程序化的问题，而教师主要解决非程序化、非结构化的问题，实现二者优势互补。

二、人机协同的学生学习样态

在人工智能技术环境下，借助大数据分析技术的学习过程分析，能精准把握学习者的实时状况，并快速做出决策，从而服务于学习者，为学习者提供合适的学习资料与指导，满足他们的动态学习需求；同时，支持学习者依据自身实际情况定制学习的科目、课程或知识点，以此做到尊重学习者的个体差异。当前的智能学习机器人不仅可作为学习者的学习助手，而且也能作为独立的学习者参与学生的学习活动。作为学习助手，可以动态感知学习者的学习需求，帮助学习者制订学习计划、搜集学习资料、管理学习进程，引导学习者完成课后作业。此外，学习助手还可以结合学习者的兴趣和特长，帮助学习者设计个人发展规划，为学习者遴选课外活动，适时提醒学习者参与各类活动，并动态生成各类活动记录，帮助学习者进行课后反思。作为独立学习者，机器人可与人类学习者组成学习小组，建构人机结合的学习共同体，充分发挥人类在社交、创意和审美等方面的特长，发挥人工智能在处理琐碎、枯燥、重复的工作任务以及逻辑演算等方面的优势，协同完成学习任务，达成学习目标，由此实现人机协同学习。在此过程中，既能培养学习者的问题解决、创新以及人际交流等能力，又能提升学习者与人工智能"交流"和"沟通"的信息素养。

三、人机协同的教育管理样态

人工智能时代，教育逐渐走向集精细化、模块化和智能化于一体的"智慧教育"形态，并且在教育管理中人工智能的"替代效应"也逐渐显现。信息管理是教育管理的重要内容之一，以往教育信息的获取和利用离不开具体的个人，而人工智能的应用使得"人类在逻辑推理、信息处理和智能行为领域的主导地位已不复存在"。人工智能既可全面、准确地大规模收集和处理教育管理信息，同时又能通过强大的自我优化和自我学习能力对收集的信息进行实时处理和实时传递，进而提升教育治理的实效性和精准性。传统教育治理过程中的信息收集和传递工作开始由人工智能替代。而根据掌握的信息进行决策，是教育管理中另一项重要的工作。以往，教育管理者的决策多依据相对有限的信息资源和自己的主观判断，难以保证决策质量。虽然基于互联网技术的辅助决策系统降低了教育决策过程中的人为因素，使得决策过程和决策依据越来越客观，但是辅助决策系统并不具备完全替代人类行为的能力，人类仍然在决策过程中扮演着"终极裁判"的角色。随着深度学习技术、自然语言处理和机器人技术、图像和语音识别等人工智能技术的成熟，以及人工智能的超强自我学习、自我适应和自我优化能力的不断凸显，它可根据需要自动生成更加精准科学的决策方案，供决策者选择，甚至会发展为由人工智能直接给出决策执行方案。这将使教育管理者的决策角色面临极大挑战。教育公共供给服务日趋复杂和多样化，人工智能的教育应用让教育管理者能够从容地应对这种公众诉求。同时，一些传统的简单、重复和耗时的原本由教育管理者直接面对公众的程序性、服务性事务开始由人工智能系统替代。而在如何及时感知、捕捉公众的多样化诉求与差异化的情感表达以此避免"一刀切"和实现教育治理的公平、正义、平等、自由的价值目标方面，现阶段基于数据和算法程序的人工智能仍无能为力，仍需发挥管理者的情感感知和逻辑思维能力加以弥补。在人机协同管理中，无论机器多智能，为规避技术使用带来的风险，管理者必须成为人工智能的规则制定者，同时承担由人工智能替代所引发的行政责任。因此，就教育治理而言，未来的教育治理形态必然是走向教育管理者和人工智能相互协同、相互补充的道

路，并且教育管理者离不开人工智能的支持和配合，实现人机协同将成为教育管理者未来角色设计的重要指向。

四、人机协同的教育测评样态

　　基于多模态数据的电子化、自动化、可视化的评价是人机协同教育评测的基本方向。相较于纸笔测试，电子化测试不仅能减少教育工作者的工作量，提高数据精准度，还能为教育评测的自动化、可视化提供可能。机器自动评分分为完全匹配和评分模型两类。如学生答案与标准答案完全匹配，机器可直接判分，无须教师介入。这种方式适用于客观题或数学、物理等理科学科且答案是一个确切数字的情况。而对于开放性试题则可以构建一种模型，只要拟合度达到一定程度，机器也可自动判分。但在一些重要测试中，如高考、研究生入学考试等，在机器自动判分的基础上还需要进行人工复核，对于机器无法判断的开放性答案仍需教师的人工评判。传统的评价一般多关注学习者的知识掌握程度，但随着社会对人才高阶思维能力的要求越来越高，人们也越来越抵制这种单一数据源的评价。人工智能技术能全过程记录学习者的登录时间、提交作业时间和次数、资源获取时间与频率、与同学的讨论内容、眼动数据、脑与认知心理数据、核心素养表现等反映学生学业情况、身心健康和各类素养的多模态数据，并能够通过综合建模评价技术将这些多模态数据进行可视化呈现，建构学习数字画像，呈现学生的身心发展、学习技巧、学习策略、综合素质等传统评价未关注的方面，以帮助评价者更全面地对学生进行诊断与评价。在人机协同评价这一过程中，虽然机器取代了评价者以往需要做的一些事务性工作，但机器需要记录哪些数据、如何进行分析评价等背后的规则仍由人来主导和控制。更重要的是，机器虽能提供很多支持数据或分析结果，但并没有最终的决策权，最终的决策权或价值判断权还在人类手中。当然，决策所带来的风险责任也要由评价者来承担，而不能"甩锅"给机器。

　　人机协同的教、学、管、评样态不仅丰富了信息技术教育应用的实践场景，还解决了信息技术教育应用过程中人机如何进行协同的基本问题，是人工智能时代开展信息技术教育应用的重要参照。

▶ 第三章

学科知识图谱的构建

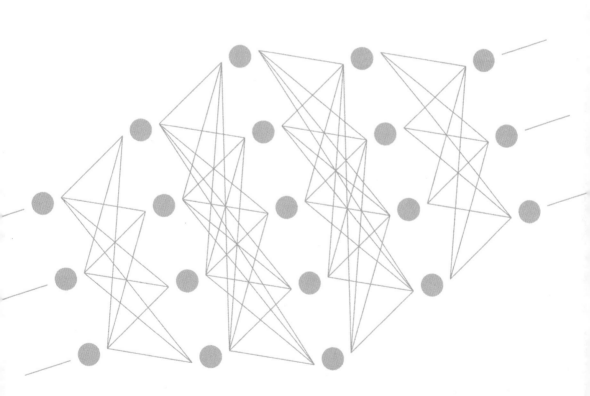

本章导读

知识图谱的架构涉及知识表示、知识获取、知识处理和知识利用等多个方面。一般情况下，知识图谱构建的流程如下：首先，确定知识表示模型；然后，根据不同的数据来源选择不同的知识获取手段并导入相关的知识，接着利用知识推理、知识融合、知识挖掘等技术构建相应的知识图谱；最后，根据不同应用场景设计知识图谱的表现方式，如语义搜索、智能推荐、智能问答等。

知识图谱有自顶向下和自底向上两种构建方式。自顶向下构建是指借助百科类数据源，提取本体和模式信息，并加入知识库中。自底向上构建是指借助一定的技术手段，从公开的数据中提取资源，选择其中置信度较高的信息，经人工审核后加入知识库中。从逻辑上可以将知识图谱划分为两个层次：数据层和模式层。数据层可以是以事实为单位，以"实体、关系、实体"或是"实体、属性、属性值"作为基本的表达方式，存储在图数据库中。模式层建立在数据层之上，是知识图谱的核心。①

学科知识图谱属于领域知识图谱，是针对学科领域构建的，具有相对明确的范围。因此，学科知识图谱的构建与通用知识图谱构建有很大的不同，应用方式和构建策略也不同。

在学习本章之前，请您思考：

1. 学科知识图谱与通用知识图谱有什么不同？

2. 学科知识图谱构建前需要明确哪些问题？

3. 学科知识图谱构建的流程与关键是什么？

---

① 田玲，张谨川，张晋豪，等. 知识图谱综述——表示、构建、推理与知识超图理论［J］. 计算机应用，2021，41（08）：2161-2186.

第一节　学科知识图谱的构建方法

一、支撑智适应学习系统的知识图谱类型

知识图谱大体上可以分为两大类：通用知识图谱和领域知识图谱。能够支撑智适应学习系统的知识图谱主要是通用知识图谱及领域知识图谱中的特定类型——学科知识图谱。

通用知识图谱是仿照谷歌应用于搜索领域的知识图谱建设的，目前主要应用于搜索、问答、内容推送等场景。例如，搜索引擎的搜索功能、能够自动问答的"智能客服"、购物软件商品的推荐与检索、短视频软件的视频推送等应用的背后都有知识图谱技术，属于通用类知识图谱。目前，常见的通用知识图谱项目包括 WordNet、FreeBase、DBpedia、NELL、YAGO、Wikidata 等。图 3-1 为常见通用知识图谱的语义网络。

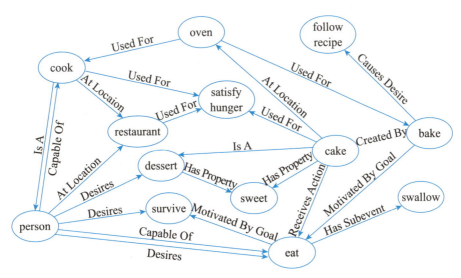

图 3-1　常见通用知识图谱的语义网络

领域知识图谱是在通用知识图谱的基础上，在所表达的内容、储存内容的方式、数据结构、应用方式等多方位进行了领域化、专用化改造的知识图谱。它更适合领域应用，而非原先的知识管理、内容推送类应用，如医疗领域的知识图谱、金融风控管理领域的知识图谱、教育领域的知识图谱等。

领域知识图谱又可根据技术路径及应用场景具体分为行业知识图谱和学科知识图谱。行业知识图谱可以应用于金融借贷、大数据治理、投资关系管理等领域，学科知识图谱目前主要应用于学科教育的数字化和智能化改造。

二、学科知识图谱建设的具体方法

学科知识图谱建设的一般方法主要分为六个步骤：（1）知识建模；（2）学科知识图谱与教材章节关联；（3）教学资源结构化；（4）学科知识图谱及知识库（教学资源库）优化；（5）基于机器学习的知识图谱数据"喂养"升级；（6）基于机器学习的知识库（教学资源库）数据"喂养"升级。

（一）知识建模

知识建模就是将学科领域的知识进行分类整理后，用计算机可识别的图数据结构进行表达。在实操过程中，因为考虑到人力成本问题，通常将领域知识通过树状结构来表达。简单来说，就是将学科中的"知识点"，从大到小、分门别类地以树状结构的方式展开（通称"知识树"），如图3-2所示。知识建模由领域专家进行，同时也需要数据库技术人员参与研讨。在实际操作过程中，领

- ·知识点1
  - ·知识1.1
    - ·知识点1.1.1
    - ·知识点1.1.2
  - ·知识1.2
    - ·知识点1.2.1
    - ·......
- ·知识点2
- ·......

图3-2　知识点的树状结构

域专家通常由具有多年教龄的一线教师、区域教研员、学科带头人、知识图谱教研专家等共同组成。知识建模的要求是以学科领域原本的知识结构进行分类（通常对照课标），这种分类不以不同教材、不同教法而转移。图3-3为知识建模的流程示意图。

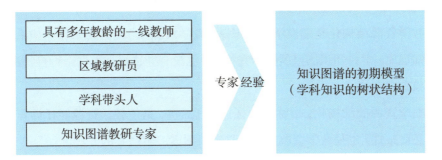

图 3-3　知识建模的流程示意图

（二）学科知识图谱与教材章节关联

学科知识图谱与教材章节关联，是为了让学科知识图谱能够应用于学校集体教学活动，真正地帮助一线教师和学生。原本的学科知识图谱是对学科知识的原始表达，而学校的集体教学通常是遵循教材章节的，势必需要对学科知识图谱进行教学化改造，否则将无法应用于日常教学。

首先，要解构课程标准和教材，将其以章节目录为基本线索，构建成树状结构。这个树状结构通常会比教材的章节目录更细，如图 3-4 所示。

其次，需要将根据教材章节构建的树状结构与学科知识图谱上的节点进行关联，使教师可以通过教材章节对学科知识内容进行检索，系统可以根据教材章节检索推送相应的知识内容，如图 3-5 所示。

图 3-4　根据教材章节构建树状结构

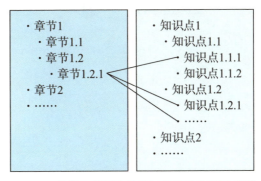

图 3-5　将基于教材章节的树状结构与基于学科知识的树状结构进行关联

（三）教学资源结构化

教学资源结构化是建设学科知识库（教学资源库）的必要工作。如果没有学科知识库，学科知识图谱就是不完整的，也没有办法根据数据进行自我迭代，无法独立存在。

教学资源的结构化，俗称资源标注、打标签，是使教学资源能让计算机读取的必要条件，也是教学资源能与学科知识图谱产生联系的方法。

教学资源的结构化，需要对教学资源进行清洗、分类、加工，如筛选出劣质资源、对习题进行编辑与改造、对视频资源进行切片等。

目前，学科知识图谱支持各类教学资源，但是在实际使用中目前仅包含格式文本、习题、视频，三者的属性关系分别如图3-6、图3-7、图3-8所示。

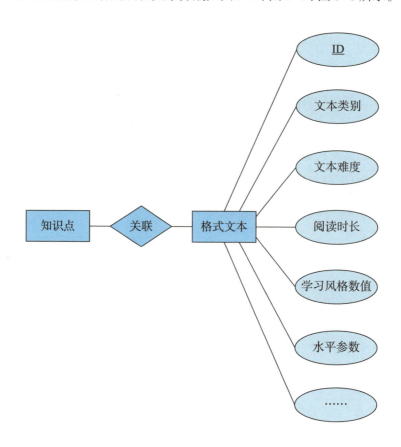

图3-6　格式文本的属性关系图

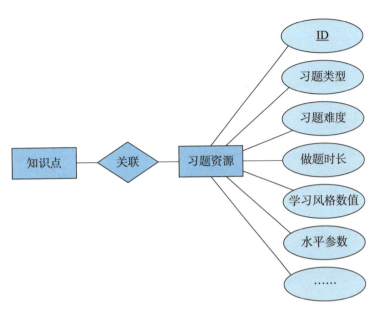

图 3-7 习题资源的属性关系图

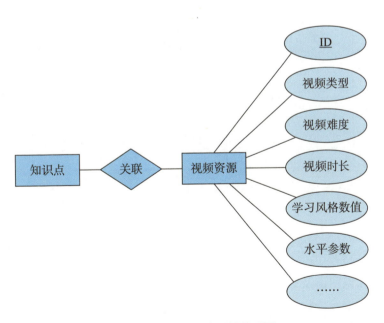

图 3-8 视频资源的属性关系图

完成属性标注与关联后，会得到类似图 3-9 和图 3-10 所示的实体关系结构。

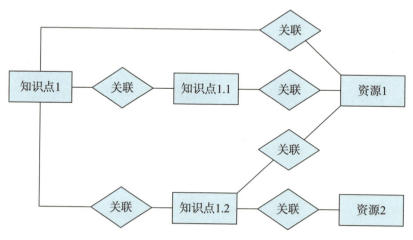

图 3-9　知识点与资源的关系结构

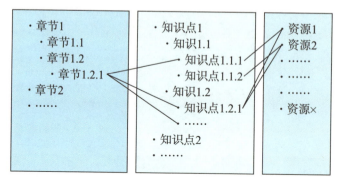

图 3-10　整体的关系结构

（四）学科知识图谱及知识库（教学资源库）优化

学科知识图谱及知识库的优化，包括资源的均衡化、资源数量的调整、资源属性的均衡化、知识建模结构的调整等，需要由知识图谱教研专家领头，由程序和人工协同操作，以保证资源分布的合理性、学科知识图谱的科学性。

资源的均衡化指的是在学科知识的树状结构的末级节点上，每个节点关联的资源数量应当基本均衡。

资源数量的调整指的是在学科知识的树状结构的末级节点上，每个节点关联的资源数量应当在知识图谱教研专家给出的阈值数额范围内（如每个节点关联资源数量 30—50 个）。

资源属性的均衡化指的是在资源的均衡化与资源数量的调整的基础上，资源的难度、水平参数等属性值也应当基本均匀分布。

知识建模结构的调整指的是在资源建设的过程中，会发现原先的知识建模结构不合理，需要对其进行调整。

以上四点均可通过程序计算出每一项的分值。当分值不足时需要被优化。分值越高，知识库与学科知识图谱配合产生的效果越好，智适应学习系统推送得越准确。

（五）基于机器学习的知识图谱数据"喂养"升级

经过学生大量使用后，系统沉淀了海量学生行为数据（学生样本数据），这些行为数据经进一步清洗、筛选，再由机器学习处理，最后会沉淀为知识路径矩阵（KPM）中的知识点之间的量化关系，如图 3-11 所示。学科知识图谱的"羽翼便会丰满起来"，系统也会根据数据对关联关系进行预警。

学生样本数据包括习题测试样本数据（包括测试时间、测试结果、关联知识点、难度系数、犹豫行为、选项排除行为、错因认知等平均 20—25 个指标）和学习样本数据（包括学习时间、停留时间、视频拖动行为等维度）。这些样本数据不仅可用于计算样本可信度、评估学生学习状况，还可用于知识路径矩阵（KPM）的不断进化。

随着学习样本数据的不断积累和标签化内容的不断更新，由专家经验构建的初始知识图谱开始自动升级、自我演化：以学生的认知反馈结果重新梳理各学科知识体系的内在逻辑结构和知识点间的关联密度、量化程度及双向关系，以及修正由内容生产者主观经验设定的初始化系数，促使知识路径矩阵（KPM）精度提升和不断进化，如图 3-12 所示。

知识图谱驱动的教学智能化改造

选择知识点	分泌蛋白的合成和运输	流动镶嵌模型	高尔基体	内质网	核糖体
分泌蛋白的合成和运输		0.02	0.72	0.54	0.43
流动镶嵌模型	0.02		0.06	0.06	0.06
高尔基体	0.41	0.05		0.56	0.42
内质网	0.34	0.05	0.62		0.42
核糖体	0.26	0.05	0.45	0.41	

图 3-11　知识路径矩阵（KPM）模型中知识点之间的关联情况及系数

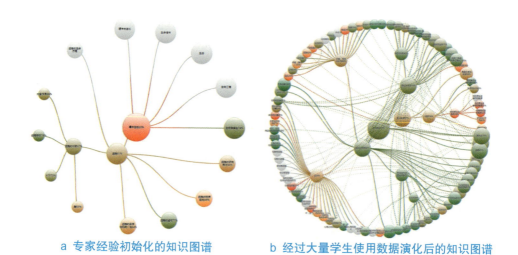

a 专家经验初始化的知识图谱　　　b 经过大量学生使用数据演化后的知识图谱

图 3-12　知识图谱的自我迭代

（六）基于机器学习的知识库（教学资源库）数据"喂养"升级

此步骤与上一步骤的时间顺序并不是绝对的，但通常在上一步骤之后。上一步骤是数据对知识图谱中的定量数值进行升级、对关系进行预警，此步骤则是对资源的属性值进行更加精准的升级。

经过学生大量使用后，系统累积了海量数据，其中一些数据可以直接通过统计方法计算出资源的相关数值（如视频观看完成度）。另一些相关数值则需要通过系统沉淀的海量学生行为数据转化、沉淀为知识路径矩阵（KPM）中的知识点之间的量化关系后（也就是上一步骤），通过这些关系与这些资源属性的累积数据，计算知识库中的教学资源与知识点关联是否合理、属性值是否合理（如习题难度）。

通过此步骤，能提升知识库内教学资源的质量，以及与学科知识图谱的匹配程度。同时，这一步骤需要大量的数据与计算资源，所以优化频次低于上一步骤。

第二节 基于新课标的高中生物学知识图谱的构建

一、确定知识框架

在高中生物学知识图谱的构建中，首先要确定生物学的知识框架。生物学知识框架确定的依据是《普通高中生物学课程标准（2017 年版 2020 年修订）》（以下简称"新课标"）、沪科版与人教版高中生物学教科书。生物学核心素养包括生命观念、科学思维、科学探究和社会责任四个维度及不同水平的行为表征。

（一）生物学知识框架的确定

在新课标中，生物学知识框架分为 2 个必修模块、3 个选择性必修模块和 3 个选修模块，如图 3-13 所示。因为选修模块不同学校有着不同的校本课程，因此在确定生物学知识框架时主要关注必修模块"分子与细胞""遗传与进化"和选择性必修模块"稳态与调节""生物与环境""生物技术与工程"。每个模块的课程内容分为内容要求、教学提示和学业要求等。

内容要求是高中生物学知识谱图构建的重要依据。高中生物学新课标中的内容要求将生物学概念分为大概念、重要概念和次位概念，概念的表述采用了针对学生年龄特点的命题式描述，明确陈述学生可以理解的生物学概念，例如：

概念 1   细胞是生物体结构与生命活动的基本单位

1.3   各种细胞具有相似的基本结构，但在形态与功能上有所差异

1.3.1   说明有些生物体只有一个细胞，而有的生物体由很多细胞构成，这

些细胞形态和功能多样,但都具有相似的基本结构

1.3.2 描述原核细胞与真核细胞的最大区别是原核细胞没有由核膜包被的细胞核

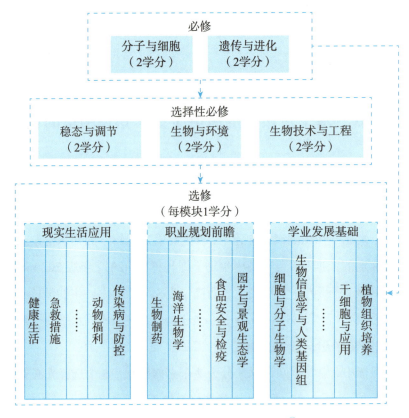

图 3-13 高中生物学课程结构图[①]

教学提示是高中生物学知识图谱构建的重要参考,每个大概念都有具体的教学提示。例如,概念 1 的教学提示为:

为帮助学生达成对上述概念 1 的理解,促进学生生物学学科核心素养的提升,应开展下列教学活动:(1)检测生物组织中的还原糖、脂肪和蛋白质;(2)观察叶绿体和细胞质流动;(3)尝试制作真核细胞的结构模型;(4)使用光

① 中华人民共和国教育部.普通高中生物学课程标准(2017 年版 2020 年修订)[M].北京:人民教育出版社,2020.

学显微镜观察各种细胞，可结合电镜照片分析细胞的亚显微结构。

这些教学活动也是知识图谱构建的重要内容。

学业要求是将高中生物学知识图谱与核心素养关联的依据。新课标描述了各个模块学习结束后需要落实的核心素养类型。例如，"分子与细胞"模块的学业要求如下：

从结构与功能相适应这一视角，解释细胞由多种多样的分子组成，这些分子是细胞执行各项生命活动的物质基础（生命观念、科学思维）；

建构并使用细胞模型，阐明细胞各部分结构通过分工与合作，形成相互协调的有机整体，实现细胞水平的各项生命活动（生命观念、科学思维、科学探究）；

从物质与能量视角，探索光合作用与呼吸作用，阐明细胞生命活动过程中贯穿着物质与能量的变化（生命观念、科学思维、科学探究）；

观察多种多样的细胞，说明这些细胞具有多种形态和功能，但同时又都具有相似的基本结构（生命观念、科学探究）。

从中可以看出，不同的知识侧重的生物学核心素养类型有所差异，在后期知识图谱和资源图谱建设中有着重要价值。

（二）高中生物学必修模块的知识框架

在《普通高中生物学课程标准（2017年版2020年修订）》中介绍了高中生物学必修模块的知识框架，该知识框架为知识树的构建奠定了基础。

1."必修1 分子与细胞"模块的知识框架

本模块包括细胞的分子组成、细胞的结构、细胞的代谢、细胞的增殖以及细胞的分化、衰老和死亡等内容。将上述内容组织在两个大概念中，一是细胞是生物体结构与生命活动的基本单位；二是细胞的生存需要能量和营养物质，并通过分裂实现增殖。通过本模块的学习，学生能够从细胞水平、亚细胞水平以及分子水平认识生命的本质，获得以下认识：生命的物质性和生物界的统一性，生命活动的运行是物质、能量和信息变化的统一，是细胞结构与功能的统一，细胞会经历生长、增殖、分化、衰老和死亡等生命历程。

为使学生构建"细胞是生物体结构与生命活动的基本单位"的大概念，以

生命的物质性、细胞结构的整体性和各类细胞的多样性和统一性为线索，安排了 3 个重要概念，每一重要概念之下组织了数目不等的次位概念，并在教学提示中安排了应开展的教学活动。具体内容和要求如下。

生命的物质性。通过开展教学提示中的"检测生物组织中的还原糖、脂肪和蛋白质"等实验活动，学生根据已有学习经验和生活经验，以及分析细胞组成成分的研究资料，概括出细胞是由多种多样的分子组成的，包括水、无机盐、糖类脂质、蛋白质和核酸等六大类化合物，初步形成生物的物质性的观念。通过对六大类物质的学习，认识它们在细胞结构和生命活动中的地位和作用。具体要求是：在认识水分子的特性和水在细胞中的存在形式的基础上，理解水在生命中的重要作用；以具体实例说出无机盐在细胞中的含量及其发挥的重要作用；概述糖类的种类，以及糖类在构成细胞结构和提供细胞生命活动能源上的重要作用；以具体实例说出脂质的种类，以及它们分别在构成细胞结构和生命活动中的重要作用；阐明蛋白质是由氨基酸构成的生物大分子，构成蛋白质的氨基酸主要有 20 种，它们以特定的种类、数量和排列顺序构成肽链，进而决定着蛋白质的空间结构和功能，细胞的功能主要是由蛋白质完成的；概述核酸是由核苷酸聚合而成的，是贮存和传递遗传信息的生物大分子。通过对细胞成分的学习，使学生认识到细胞是由水、无机盐、糖类、脂质、蛋白质和核酸等组成的多分子体系，其中蛋白质和核酸是两类最重要的生物大分子。这些分子通过有序组织而构成细胞的结构，通过动态转变所伴随的能量变化推动生命运行，通过某些物质的转变和运行传递信息，参与生命活动的调控和生命的延续。因此，物质、能量和信息是细胞生命活动的化学基础。

细胞结构的整体性。通过观察细胞的基本结构、观察叶绿体和细胞质流动、观察有关细胞的显微图片，概述出细胞的基本结构，获得对细胞结构的粗略认识。在此基础上，深入学习细胞膜、细胞质和细胞核的物质组成、结构特点和主要功能。具体要求是：通过细胞膜的研究资料，分析细胞膜的分子组成、结构特点与功能的统一性，理解其在控制物质进出及参与细胞间信息交流上的作用；结合图片和细胞结构模型，认识细胞内具有线粒体、叶绿体、内质网、核糖体、溶酶体等相对独立的结构，理解它们各自在物质运输、合成与分解、能量转换和信息传递上的作用；认识遗传信息主要贮存在细胞核中；通过制作真核细胞的结构模型和具体实例的分析，形成细胞各部分结构之间既有分工又有合作，相互联系、协调一致，共同执行细胞的各项生命活动的认识。

各类细胞的多样性和统一性。在学习细胞结构的基础上，通过光学显微镜观察单细胞生物体、简单多细胞生物体和高等动植物的各类组织，认识细胞形态、结构和功能的多样性和统一性；通过相关显微图片的观察和分析，认识原核细胞和真核细胞的异同，认识细胞的发展。

物质进出细胞的方式。通过开展模拟实验探究膜的透性、观察植物细胞质壁分离和复原等教学活动，分析实验现象发生的条件、原因，阐明质膜具有选择透过性。通过相关生活实践经验和有关自然现象的分析，能够举例说明有些小分子可以顺浓度梯度进出细胞，不需要细胞额外提供能量，即被动运输；通过相关资料的分析，能够举例说明有些物质可以逆浓度梯度进出细胞，需要细胞提供能量和载体蛋白的参与，即主动运输；能够举例说明大分子物质可以通过胞吞、胞吐方式进出细胞。

物质和能量转换。通过开展实验探究酶催化作用的高效性和专一性，探究温度、pH 等因素对酶活性的影响，认识酶的作用特性以及影响酶作用的因素，进而理解酶在细胞内的物质和能量转变中的地位与作用。通过相关资料的分析，了解 ATP 的结构特点，能够解释 ATP 与 ADP 之间相互转化所伴随的能量转化，理解这种转化在细胞内能量的贮存、利用中的地位和作用。通过分析叶绿体的结构和成分，开展叶绿体色素的提取和分离，分析这些色素的吸收光谱和作用光谱，理解叶绿体的结构和成分与其光合作用的适应性。通过光合作用相关研究资料的分析，认识光合作用的大致过程及发生的物质和能量转换的实质，理解光合作用在生物界乃至整个自然界物质和能量转换中的地位与作用。结合光合作用的原理并依据相关资料的研究结果，说明影响光合速率的内外因素及其在生产实践中的应用。通过探究酵母菌的呼吸方式，阐述呼吸作用的过程和场所，理解其物质变化和能量转换的实质，理解细胞结构和成分与呼吸作用的统一性，了解有氧呼吸和无氧呼吸的异同。结合呼吸作用过程、相关研究资料和生活经验，分析影响呼吸作用速率的内外因素，了解人工控制呼吸速率

的相关措施及在生产生活中的应用实例。

细胞的生命历程。认识生物新个体的繁殖、生长、发育、衰老直至死亡等生命进程，是以细胞的生命历程为基础的。通过根尖的培养、根尖细胞有丝分裂简易装片的制作和观察或永久装片的观察，认识部分细胞的生长和增殖的周期性，认识细胞周期可以分为间期和分裂期。在观察的基础上，用图解或模型等直观方式描述出有丝分裂过程中染色体的复制和分配，阐明有丝分裂保证了遗传信息在亲代和子代细胞间的一致性，了解细胞分裂方式包括有丝分裂、无丝分裂和减数分裂。以高等动物受精卵发育为例，说明细胞分化是细胞形态、结构和功能发生转变的过程，是各种组织、器官及复杂生物个体发育的基础。列举相关事实，说明细胞衰老和死亡是一种自然的生理过程，简述细胞衰老的主要特征及其与个体衰老的关系。

2. "必修2　遗传与进化"模块的知识框架

本模块主要包括遗传的细胞基础、遗传的分子基础、遗传的基本规律、生物的变异和生物的进化等内容，旨在使学生形成"遗传信息控制生物性状，并代代相传"和"生物的多样性和适应性是进化的结果"两个大概念，在学习过程中不断发展相应的生物学学科核心素养。具体内容和要求如下。

遗传的分子基础。通过对细菌的转化实验、噬菌体侵染细菌等相关资料的分析，了解遗传物质的复制过程，阐述核酸是一切生物的遗传物质，DNA 是主要的遗传物质，某些病毒以 RNA 为遗传物质的事实依据。通过对 DNA 分子结构模型建立过程的资料分析和 DNA 分子双螺旋结构模型的制作，阐述 DNA 分子与其担负编码、传递遗传信息等功能相适应的结构特点。通过对具体事实资料的分析，概述出多数生物的基因是 DNA 分子上的功能片段，分析出遗传信息在 DNA 分子上的编码方式。利用相关的实验研究资料，阐明 DNA 分子通过半保留的方式进行复制是保证亲代准确将遗传信息传递给子代的基础；概述出 DNA 分子上的遗传信息通过 RNA 指导蛋白质合成，由蛋白质体现出生物的性状。用具体实例概述细胞的分化是基因选择性表达的结果。举例介绍表观遗传现象及该项研究取得的新进展。

遗传的细胞学基础。阐述精子（雄配子）或卵细胞（雌配子）形成过程中发生的减数分裂。运用图示、物质模型或视频等方式，观察、模拟减数分裂过程中同源染色体间的交叉互换、同源染色体分离和非同源染色体间的自由组合等现象。由此形成的精子和卵细胞不仅染色体数量减半，而且染色体的组合类型呈现出多样性。简述受精作用的过程，说明进行有性生殖的生物体其遗传信息是通过配子传递给子代的；精子和卵细胞的多样性及结合的随机性，使得同一双亲的后代既相似又不同，这是遗传和变异的细胞学基础。

遗传的基本规律。通过介绍孟德尔豌豆杂交实验，阐明孟德尔发现遗传定律的实验依据，以及据此做出的解释性假设及推测、验证的方法、最终的结论。用现代遗传学的研究成果，对孟德尔的遗传定律进行现代解释。运用模拟植物或动物性状的杂交实验，运用基因的分离和自由组合规律，由亲代的性状预测子代的性状。以人类红绿色盲或血友病的研究为例，分析位于性染色体上的基因在遗传上总是和性别相关联，概括伴性遗传的概念。举例说明伴性遗传的类型和遗传特点及其在实践中的应用。

可遗传的变异。通过总结减数分裂和基因自由组合规律，概括出基因重组形成的原因、特点，举例说明基因重组变异原理在育种上的应用。用镰状细胞贫血症等病因研究资料，概述基因突变的概念，分析基因突变的类型、特点和遗传效应。描述细胞在某些化学物质、物理因素和生物因素的作用下可提高基因突变频率，举例说明其在诱变育种上的应用。概述细胞癌变与基因突变的关系。举例说明染色体结构和数量的改变可导致生物性状的变异，形成染色体变异的概念。以果蝇或人类染色体组型等为例，解说染色体组的概念，简述多倍体和单倍体的特征与来源，举例说明多倍体育种和单倍体育种在实践中的应用。用具体实例概述人类遗传病的概念和主要类型，调查常见的人类遗传病，举例说明人类遗传病的检测和预防。

生物的进化。运用化石记录、比较解剖学、胚胎学、细胞生物学和分子生物学等研究资料，通过事实和现代生物学的知识，分析现存生物与化石生物某些特征的连续性，论述当今生物来自共同祖先。用事实性资料说明现存生物适应的普遍性和相对性，讨论达尔文自然选择学说对生物进化原因和适应性形成的解释。讨论进化理论的发展，用具体实例概述种群、种群基因库和基因频率的概

念，用数学方法讨论变异和自然选择使基因频率发生变化的必然性，探讨耐药菌的出现与抗生素滥用的关系，说明现存生物适应性的成因。阐述变异、选择和隔离可导致新物种的形成。概述生物多样性包括物种多样性、遗传多样性以及生态系统多样性，阐明协同进化与生物多样性的形成。举例说明生物多样性为人类生存提供资源和适宜环境，讨论保护生物多样性与社会可持续发展的意义。

（三）生物学知识框架在构建知识图谱中的应用

生物学知识框架在构建知识图谱中有着重要作用。一是明确了实体，知识框架中的节点就是知识图谱的实体。二是清晰了关系，通过搭建知识框架，可以建立实体和实体之间的初步关系，利于更清晰、更全面地建立实体之间的关系。三是丰富了属性值。属性值是实体的内涵，通过知识框架的搭建可以系统地进行实体属性值的描述。除了学科知识框架以外，生物学核心素养的维度也是知识图谱的重要组成。

二、知识图谱的构建

团队成员以《普通高中生物学课程标准（2017 年版 2020 年修订）》为依据，以新版人教版和沪科版教材为参考，进行了知识点的梳理和知识树的建设，共梳理了 1109 个知识点，包括 1026 个学科知识点、34 个操作实验、49 个科学史。然后，对学科知识点的"颗粒"大小进行充分论证，若"颗粒"太大会使相应的资源系统过于庞大且精准性不足，"颗粒"太小会导致学科概念很琐碎，使资源很难开发。因此，知识点的"颗粒"大小很关键，既要利于资源的开发，又要考虑学科知识的结构化。梳理知识点时，将知识划分为一至六级，并进行前置标注。一级是课程标准中的模块，如模块 1"分子与细胞"和模块 2"遗传与进化"等；二级是课程标准中大概念的提炼，如"细胞各部分结构既分工又合作，共同执行细胞的各项生命活动""各种细胞具有相似的基本结构，但在形态与功能上有所差异"等可以提炼出二级知识点；三级是课程标准中次位概念的提炼，如"概述细胞都由质膜包裹，质膜将细胞与其生活环境分开，能控制物质进出并参与细胞间的信息交流""阐明遗传信息主要贮存在细胞核中"；四至六级是次位概念下的学科知识点，这些多是从教材中进行提炼的，如"细胞中的水"等。不是所有学科知识点都必须呈现六级，具体级别要综合考虑资源的准备情况、学生的学习状况等。前置是与末端知识点（可以是四至六级）的"父子"集关系，如"细胞膜由脂质组成""细胞中的蛋白质""蛋白质结构"等是"被动运输"的前置，也就是要学习"被动运输"需要学生先掌握它的前置知识。因此，如果学生对"被动运输"知识的掌握出现了问题，可以从其前置知识寻找原因。

学科知识梳理后要确定"实体"类型、"实体"之间的关系、"属性"、"属性值"表述等。对于高中生物学，"实体"包括知识点、概念、方法、经典实验、探究实验、生命观念、科学思维、社会责任等；"实体"之间的关系包括子类、父类、前置、后置、方法、要点、例题、资源等；"属性"包括定义、目的、组成、实质、反应式等。"属性值"主要是属性描述的语言，主要依据课程标准或教材的描述。例如，"光合作用色素的吸光特性"和"光合作用色素"都是"实体"，"光合作用色素"是"光合作用色素的吸光特性"的前置，"光合作用色素"的组成（属性）包括叶绿素 a、叶绿素 b、叶黄素、胡萝卜素（属性值）。高中生物学学科知识树（部分）见表 3-1。

表 3-1 高中生物学知识树（部分）

	一级	二级	三级	四级	五级	六级
1	细胞					
2		细胞的研究概况				
3			细胞学说			
4				细胞学说的内容		
5				细胞学说建立的过程		
6				细胞学说对生物学发展的意义		

（续表）

	一级	二级	三级	四级	五级	六级
7			细胞是基本的生命系统			
8				生物的生命系统		
9				自然界生命系统的结构层次		
10		细胞的物质组成				
11			细胞中的元素和化合物			
12				组成细胞的元素		
13				组成细胞的化合物		
14			细胞中的无机物			
15				细胞中的水		
16					水在细胞中的含量	
17					水在细胞中的存在形式	
18					水的重要作用	
19				细胞中的无机盐		
20			细胞中的糖类和脂质			
21				细胞中的糖类		

	一级	二级	三级	四级	五级	六级
22					糖类的元素组成	
23					细胞中糖的主要种类	
24						单糖
25						双糖
26						多糖
27				细胞中的脂质		
28					脂肪	
29					磷脂	
30					固醇	
31			细胞中的蛋白质			
32				氨基酸的结构		
33				肽键的结构		
34				多肽的结构		
35				蛋白质的结构		
36				蛋白质的功能		
37			细胞中的核酸			
38				核酸的种类及其分布		
39				核酸的组成		
40					DNA 的组成	

（续表）

	一级	二级	三级	四级	五级	六级
41					RNA 的组成	
42				核酸的功能		
43			元素以碳链为骨架形成生物分子			
44		细胞的结构				
45			细胞质膜			
46				细胞质膜的功能		
47					细胞质膜控制物质进出功能	
48						被动运输
49						植物渗透及质壁分离
50						主动运输
51						胞吞和胞吐
52					细胞质膜的信息交流功能	
53				细胞质膜的结构		
54					细胞质膜的脂质有磷脂和胆固醇	
55					细胞质膜上的蛋白质和多糖	
56					流动镶嵌模型	

	一级	二级	三级	四级	五级	六级
57			细胞质			
58				细胞器		
59					内质网	
60					核糖体	
61					高尔基体	
62					液泡	
63					叶绿体	
64					线粒体	
65					中心体	
66					溶酶体	
67					分泌蛋白的合成和运输	
68			细胞的生物膜系统			
69			细胞核			
70				细胞核的功能		
71				细胞核的结构		

类似的方式将生物核心知识按照实体、关系、属性和属性值系统建立了庞大的网络语义。2018 年，新课程标准颁布，以核心素养为导向的教学改革拉开帷幕，在知识图谱迭代中，除了 1109 个学科知识点（如主动运输、自由扩散、协助扩散、细胞膜等）外，还创造性地将 16 个核心素养（结构与功能观、进化与适应观、稳态与平衡观、物质与能量观、归纳与概括、演绎与推理、模型与建模、批判性思维、创造性思维、提出实验问题、设计实验方案、分析实验结论、健康生活方式、生态环境保护、关注社会热点、生物技术应用）纳入知识图谱中，把生物学核心素养的"素养"要求作为一个"实体"来对待。例如，将结构

与功能观、演绎与推理、归纳与概括、模型与建模、提出实验问题、设计实验方案、分析实验结论等16个高中生物学主要的核心素养要求作为"实体"，并与其他"实体"建立有效关联，将聚焦于知识表达的知识图谱转向着眼于核心素养导向的知识图谱。同时，在原有知识图谱的"专家模型"基础上，增加了"学习者模型"体系，也就是基于知识图谱建立智适应学习系统（APP），学生在系统中产生的大数据可以反馈修正知识图谱中"实体"与"实体"的关系数值。例如，专家认为知识1和知识2之间的关联系数是0.1，之后通过学生学习的大数据发现两个知识之间的关联系数是0.9，从而实现机器学习不断地对知识图谱进行迭代优化。高中生物学知识图谱如图3-14所示。图中，圆形代表实体，圆从大到小对应着知识点级别从高到低，颜色代表学生的掌握情况，颜色从绿到红的渐变对应掌握度从高到低变化，圆形之间的连线代表实体之间的关联系数，连线从实到虚的变化对应知识点关系从亲密到疏远。

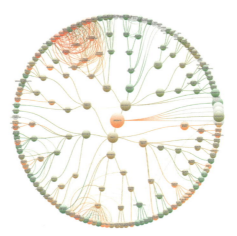

图 3-14 可视化的高中生物学知识图谱

三、资源图谱的开发与标注

虽然已有不少学科知识图谱相关的研究，例如清华大学许斌教授进行了各个学科知识图谱的研究，但是这些研究大都仅解决了知识的切分、呈现、表达、关联和搜索，没有聚焦知识图谱的教育属性。为实现知识图谱的教育价值，必须建设与知识图谱匹配的资源图谱。

（一）资源开发的流程

在建立知识图谱时，笔者团队组建了上海市教育名师 200 多人，建设了与知识图谱相匹配的资源图谱，对知识图谱中的"实体"匹配了 15305 个微课、动画、文本和测评试题，如图 3-15 所示。

为推进优质资源的开发，课题组成立了 3 个小组。一是综合组，主要负责资源开发规范、任务安排等工作；二是审核组，主要负责资源开发的培训、上交资源的审核修改等；三是开发组，主要负责资源的开发。

资源开发过程中，首先由综合组进行一个"实体"的资源开发，并研讨资源开发的规范。然后对审核组教师进行培训，让每个审核组的教师进行"实体"的资源开发并展开研讨，修改资源开发规范。由每个审核组教师负责一个开发组团队，开发组团队教师先进行一个"实体"的资源开发，审核组进行指导和修改。符合要求后，开发组教师可以进行多个"实体"资源的开发。

知识系统　　　　　微课系统　　　　　测评系统

图 3-15　"光合作用色素的吸收特性"的学习资源

（二）资源图谱的建设过程

为建设与知识图谱匹配的资源图谱，专家团队制定了资源编写手册，打造了资源建设样例。根据末级知识点建设资源样例，每个知识点主要有知识、试题、微课、动画等资源，并经过三轮讨论与修改，形成资源建设范例。然后组建团队建设每个末级知识实体的资源。

1. 知识点资源开发

知识点资源开发要以课程标准为依据，参考教材的内容，提炼知识最核心的内容。知识概述的文字不宜过多，可以配以示意图、照片等，文字要精练，对重要内容可以做强调和标注。例如，"光合作用色素的吸光特性"的知识点资源如下。

光合作用色素中叶绿素 a 和叶绿色 b 主要吸收红橙光和蓝紫光；类胡萝卜素（叶黄素和胡萝卜素）主要吸收蓝紫光，如图 3-16 所示。

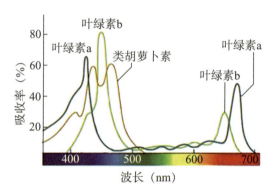

图 3-16　光合作用色素的吸收光谱

2. 微课资源开发

微课开发要聚焦知识点，注重知识的建构过程，强调学生的主动参与，体现培育学生核心素养的理念。所有微课均以"情境问题→概念建构→问题解决"为逻辑，时间大概 3 分钟。试图通过微课系统开发理念的改变，发展学生的生物学核心素养，注重培养学生的关键能力、价值观念、必备品格等，确保将核心素养价值导向融入资源图谱建设中。例如，在"光合作用色素的吸光特性"微课中，以"为什么空间站用红色 LED 光照射"为情境和任务，讲解色素的吸光特性，然后是典型例题讲解。微课开发时需要注意的事项有以下几点。

①视频要求 3 分钟左右，主要采用 PPT 录屏的方式来制作。②模板的文字统一：PPT 统一用文件夹中的"PPT 模板"，字体、字号、字色等按照要求规范、统一。③ PPT 中的图片统一：要求图片清晰，图中的文字用黑色，图片不能有任何 logo。④采用普通话，播放音普通话标准，语调节奏感和谐统一；语速快慢适中，开头语和结束语统一。⑤视频界面完整，画面清晰，字迹清楚，不露头

像，配音纯洁清澈（无电流、杂音）。

3. 测评资源开发

资源图谱中的测评试题是精准评判和推送的重要保障，笔者团队在 ECD、SOLO、学习进阶等评价理论的基础上，借鉴 PISA、NAEP、TIMSS 等经验，开发了核心素养进阶测评模型，以及指向生物学核心素养测评试题开发的路径和技术。试题强调评价学生的核心素养，注重情境试题的开发，提供给学生必要的引导材料，如以数据、图表和常数等作为题目的情境，考查学生对知识的分析、理解和应用的能力，还可以引导学生从生物学的维度观察社会生产、生活。例如，"塑料大棚在冬天可以起到保温作用，现有绿色、红色、无色透明三种塑料薄膜可供选择。请结合叶绿体色素吸收光的特点给出你的选择建议并说明理由。"试题设计有答案和解析，学生可以自己进行纠正和学习。测评资源开发要注意以下两点。

第一，试题主要包括选择题和综合题。每个末级知识点选择题数目要求 20 个以上，综合题数目要求 3 个以上，每个选择题只有 1 个正确选项，每个综合题有 1 个及以上设问。最好是命制基于真实情境的试题。试题难度分布要均匀（难、中、易）。

第二，试题要尽量覆盖全部知识点，每个试题均要有答案、解析。例如，"光合作用色素的吸光特性"试题资源样例如下。

选择题样例：图 3-17 表示叶绿体中色素吸收光能的情况。据图判断下列可能属于蓝紫光的波长是（　　）

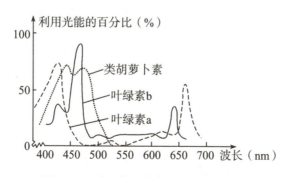

图 3-17　叶绿体中色素吸收光能的情况

【选项】

A. 450 nm　　B. 550 nm　　C. 600 nm　　D. 700 nm

【答案】A

【解析】类胡萝卜素和叶绿素主要共同吸收蓝紫光,据图推测蓝紫光波长在400—500 nm之间,故选择A。

综合题样例:将长势相同的3盆麦苗分别置于无色玻璃罩内,甲盆覆盖着绿色透明膜,乙盆覆盖着品红色透明膜,如图3-18所示。一段时间后,与丙盆麦苗相比,甲盆的长势 _____,原因是 _____;乙盆的长势 _____,原因是 _____。

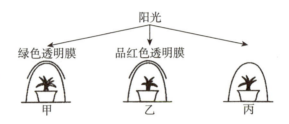

图3-18　给予不同处理的麦苗

【答案】明显矮小;麦苗在绿色光下光合速率最慢;基本正常;麦苗在红光下光合速率较高

【解析】叶绿体色素具有选择吸收光谱的特性。其中,叶绿素主要吸收红橙光和蓝紫光,类胡萝卜素主要吸收蓝紫光,两者几乎不吸收绿光。而白光中包含了所有颜色的光。因此,与丙盆相比,甲盆麦苗因几乎不吸收绿光而无法进行光合作用制造有机物,导致生长缓慢而矮小,乙盆麦苗因能吸收红光而能进行光合作用。

(三)资源的核对与标注

资源开发后上传至智适应学习系统(本书第四章详细介绍),需要对资源进行核对与标注,核对与标注的内容有:题目类型(选择题、填空题、解答题)、难度系数(范围:0—100,值越小难度越大)、题干、选项、思路分析、解、答案、相关知识点等,如图3-19所示。

图 3-19　资源的核对与标注界面

　　给知识点打标签时,可以选择多个知识点,并根据知识点与试题之间的关系程度调整知识点的顺序。例如,与试题关系最为密切的知识点可以放在最上面,如图 3-20 所示。

选择知识点

关键字: _____　搜索知识点

- ⊟ #1:细胞
  - ⊞ #2:细胞的研究概况
  - ⊟ #11:细胞的物质组成
    - ⊟ #12:细胞中的元素和化合物
      - #13:组成细胞的元素
      - #14:组成细胞的化合物
    - ⊟ #15:细胞中的无机物
  - ⊞ #21:细胞中的糖类和脂质
  - ⊞ #32:细胞中的蛋白质
  - ⊞ #38:细胞中的核酸
    - #44:生物大分子以碳链为骨架
  - ⊞ #45:细胞的结构
  - ⊞ #73:细胞的多样性和统一性
  - ⊞ #77:细胞的代谢
  - ⊞ #135:细胞的生命历程
- ⊞ #157:遗传与进化

#13:组成细胞的元素 ✖
#15:细胞中的无机物 ✖

确定　取消

图 3-20　资源与知识的关联界面

资源核对和标注是学生获得良好学习体验和精准推送的关键。因此，这个环节需要进行多轮审核。在生物学资源开发过程中，每个资源均要进行 3 轮审核。审核完成后，要进行 3 轮打标签。每个试题必须有 3 位教师进行打标签，确保试题的参数准确，这样更有利于学生的学习和智适应推送。资源标注后，组织多名内容与技术方面的教师对平台进行全面测试，并根据测试结果对平台进行修订与完善。

四、知识图谱的表达与迭代

知识图谱生成后，专家定义的基本数据关系已经存在，根据知识图谱建设智适应学习平台（APP），学生利用该智适应学习系统进行大规模的学习，产生的大数据会不断地修正知识图谱中知识与知识之间的关联系数，并以知识点之间的量化值显示出来，为学习资源的个性化全局推荐提供依据。知识图谱和智适应学习平台呈现了大数据驱动下的"协同进化"状态。从图 3-21 可以看出，相比于早期的知识图谱，大数据"滋养"的知识图谱中的知识关联更加丰富。

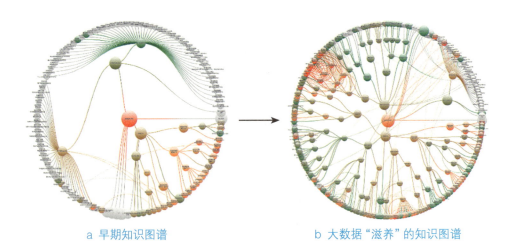

a 早期知识图谱　　　　　　　b 大数据"滋养"的知识图谱

图 3-21　可视化的高中生物学知识图谱

在知识图谱中，专家定义的关系是一种"明知识"，即教师可以根据教学经验非常容易地发现知识之间的关系。还有一些知识点之间的关系是一种"默知识"，即教师需要经过长期教学才可以发现的知识点之间的关系。

还有一种知识点之间的关系，是人类既不可描述也无法感受的东西，那就是超出人类目前理解能力的"暗知识"。首先必须强调的是，"暗知识"并不等于尚未被人们发觉到的知识，它是人类几乎无法理解的知识。有一种知识点之间的关系，在数据的滋养下可以被计算机发现，这种关系既无法被语言描述，也无法被感知，但是它确实存在。

正是有了这种关系，知识图谱才在数据的"训练"与"调教"下变得更加丰满，有助于实现知识的个性化推送。

知识图谱和智适应学习系统的建设从 2014 年至今已经进行了 3 次迭代（见表 3-2）。随着人工智能的发展和学生数据的增加，知识图谱将不断得到完善，功能也将不断提升。

表 3-2　基于知识图谱的智适应学习系统的 3 个版本迭代

	系统 1.0	系统 2.0	系统 3.0
时间	2014—2015 年	2016 年	2017 年至今
方式	电脑网页版	电脑软件	学习端 APP、电脑软件
导向	落实知识	落实知识和能力	培养学生核心素养
图谱建设方式	专家标注知识树结构	专家标注和关联	专家标注和关联、机器学习数据修正关联值
图谱内容	知识点	知识点、能力点	知识点、核心素养点
资源类型	文本、图片、试题	文本、图片、PPT、动画、试题	微课、素养测评试题、图片、文本、PPT、动画等
系统推送逻辑	专家设计	专家设计	KPM 算法

（续表）

	系统 1.0	系统 2.0	系统 3.0
系统教学模式	未进行	单一	多元
主要价值	1. 开始知识树结构建设，成为知识图谱雏形 2. 投身于测评试题的开发技术研究 3. 提出教学策略模型和基于学生学习情况的理念，成为学习者画像的雏形	1. 对知识进行专家角度的关联，开始知识图谱的研究 2. 测评试题除了关注知识外，开始关注学生的能力评价 3. 学习资源多样化	1. 注重学生核心素养的培养，将"结构与功能观、演绎与推理、设计实验方案"等16个生物学核心素养点纳入知识图谱中 2. 知识图谱建设在原有专家标注和关联中，增加了机器学习数据修正关联值 3. 系统推送逻辑开发了 KPM 算法（知识路径矩阵模型） 4. 开发了生物学核心素养进阶测评技术，进行测评试题建设 5. 在实践中开发了更多的教学模式

第四章

知识图谱驱动的智能化教学应用

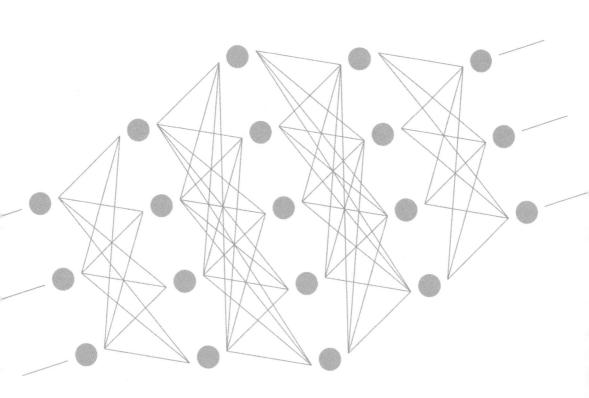

本章导读

"智适应学习"是"自适应学习"更加成熟、智能的形态。早在20世纪90年代，卡内基梅隆大学就已开发出了自适应学习技术的前驱，称为智能辅导系统（Intelligent Tutoring System）。这个系统已经有几百万学生使用过，事实证明非常有效。

随着人工智能及知识图谱技术的发展，自适应学习蓬勃发展，在原先的基础上进一步智能化，为大规模因材施教提供了可能，成为现在的智适应学习系统。智适应学习这个术语也被经常提及，越来越多的产品声称具备"智适应学习"能力，这个术语已经出现一定程度的模糊性。

基于人工智能的智适应学习平台，即智适应学习系统，能跟踪每个学生如何回答问题，收集学生行为的具体信息，然后根据每个学生独特而具体的行为和回答改变学习路径，以更好地满足每个学生的需要。

一般学习工具根据学生回答对或错的反应，将答案标记为正确或错误，然后提供一个单一的学习路径，并不是智适应的。

基于人工智能的智适应学习系统如何构建？学习本章之前，请您思考：

1. 基于人工智能的智适应学习是怎样实现智适应的？

2. 构建AI+智适应学习系统的关键是什么？

3. AI+智适应学习系统如何助力"双减"落地？

第一节　智适应学习系统概述

一、智适应学习系统的概念

"智适应学习"的前身是"自适应学习"。自适应学习受限于技术一直不温不火，主要原因在于当时技术水平下的方案缺乏落地性，并且没有在商业和学习效果上都取得成功的案例以供复制。实践时会遇到一个两难的问题：该把学生分成几层，才能让每一层的学生都有自己最适合的学习方案？理论上来说，自然是越多越好。但分层越多，对测评和教研能力的要求就越高，一般机构无力企及；即使机构能够企及，高昂的成本也会抬高产品售价，令一般用户望而却步。这也是为什么人工驱动的"一对一"教学模式虽然低效，但仍然广泛存在的原因。计算机驱动的自适应学习的设想虽然美好，但实践起来总是如同空中楼阁。

相比自适应学习，智适应学习在应用上更成熟、更智能、更根植于教育教学，在技术上更先进、更广博，是自适应学习经过几十年的发展，在大数据技术、人工智能技术、知识图谱技术等技术环境进一步成熟后的质变性的升级。

相继研发了 InterBook、Knowledge Sea Ⅱ、AnnotatEd、ELM-ART 等自适应学习系统的参与者[①]，美国匹兹堡大学的皮特·布鲁希洛夫斯基（Peter Brusilovsky）认为，自适应学习是根据学习者自身的知识背景、学习态度、学习风格、学习能力等方面存在的个体差异性而进行的学习。自适应是计算机根据学习者的学习需求，如他们对问题的反馈、任务和经验等，来调整教育材料的呈现。

---

① 王丽萍. 自适应学习系统中学习者模型与教学模型研究［D］. 东北师范大学, 2017.

经过几十年的发展，通常来说，使用了知识图谱、人工智能技术的自适应学习系统，才能称得上是智适应学习系统。而智适应学习系统使用的知识图谱又可分为两类：通用知识图谱、学科知识图谱（属于领域知识图谱的一种）。

二、智适应学习系统的作用与特点

（一）智适应学习系统对学习全流程的覆盖

智适应学习系统的主要功能可分为测、学、练、评，主要用于学生自主学习或教师进行引导性干预的教学。

"测"体现在数据驱动的学习过程。每做一道题都是数据的累加，数据越多，系统越清楚学生的真实学情，也会推送更准确的教学资源。传统教学中"学""练"在日常教学，"测"在阶段性测试，相互是分离的。智适应教学的"测"和"学""练"则是同时发生的，是一体的，学习和练习的过程是数据累积的过程，是持续性测试、过程性测试，而非传统教育中的总结性测试、阶段性测试。当然，在智适应学习系统的实际应用中，也支持传统教育的总结性测试和阶段性测试，这主要用于学生间横向对比、纵向对比、教学质量评估等。但是，因为已经有过程性数据，所以可以大大减少测试的频率。

"学"体现在观看教学视频、图文讲解、做题练习。前两者比较好理解，需要注意的是做题练习也是渐进式学习的"学的过程"，是前两者的延伸。

"练"体现在做题练习。做题练习有三个目的：一是对未掌握的知识循序渐进地练习，直到掌握；二是对掌握的知识提升熟练度（通常计算题就是很好的例子，学生虽然掌握了解题方法，但是因为不熟练，仍然会算错）；三是对过往掌握知识的回忆和巩固。练的层级对应布鲁姆教育目标分类法的不同水平。

"评"主要体现在形成性评价数据的累积与学情报告的产生。虽然学习数据是随时累积的，但是其中还有置信度、数据量、数据覆盖面等诸多统计问题。所以，"测"和"评"是分离的，"评"发生在"测"之后。

（二）智适应学习系统的智能性

智适应学习系统基于知识图谱、人工智能等先进的技术，可以动态规划学生的学习路径，并为每个学生推送适合的学习资源。以高木学习的"智适应学习系统"为例（如图 4-1 所示），可以在某个学生的最近发展区内为其规划学习路径。

最近发展区理论一直是教学活动设计的指导性理论和思想，但是在传统教学中，最近发展区的确定通常是通过教师的"感觉"与"经验"，具有不稳定性与不准确性。在使用了学科知识图谱的高木学习智适应学习系统中，对学生的学情数据进行收集和定量，并且根据全体学生的大数据，基于人工智能算法，让学习路径的规划和学习资源的提供脱离原有的"经验主义"，走向基于数据和教育测量的"教育科学"。

图中每条横向的柱状图代表的就是某一个具体的学科知识树状结构的末级节点（也就是颗粒度最小的知识点）。蓝色为"已掌握区"，代表的是"此学生这个知识点在这个难度水平区间内已经被充分掌握"，通常对应的是此知识点难度水平较低的部分；灰色为"无法掌握区"，代表的是"此学生这个知识点在这个难度水平区间上是无法被掌握的"，通常对应的是此知识点难度水平较高的部分；绿色为"最近发展区"，代表的是"此学生这个知识点在这个难度水平，能通过努力快速提高掌握程度——学生虽然未充分掌握，但是通过努力能快速提高"。而多个相关联的知识点的数值放在一起，就会构成如图 4-1 所示

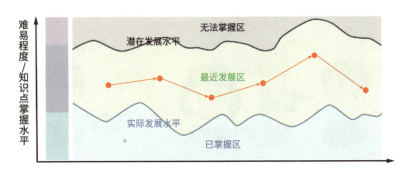

图 4-1　系统找到最近发展区，在最近发展区内规划学习路径

的"范围曲线"，形成一系列知识的已掌握区、最近发展区与无法掌握区。系统则在最近发展区范围内为学生推送学习资源，每个学习资源都属于所关联的知识点的"最近发展区难度水平"。

同时，在最近发展区之外，高木学习的智适应学习系统也支持对其他数据进行定量分析，生成综合性的学生画像，再根据学生的需要进行学习路径的规划和学习资源的推送。如图4-2所示，系统采集到小明擅长通过"图文阅读"学习知识，就会认为小明擅长"阅读型学习风格"，在之后的学习内容推送时就会优先推送图文讲解；而系统发现，小红不擅长图文阅读，但是喜欢在操作中学习，在之后的学习内容推送中就会优先为小红推送循序渐进的习题，让小红在练习中提升掌握水平。

在情感模型中，系统也会根据学生的情感进行内容推送。如系统发现某一名学生因为连续做错了几题，产生了挫败感，就会推送简单一点的题，为学生树立学习信心。

在能力模型中，系统发现小张擅长做几何类习题，但是代数类习题掌握得不佳，于是为小张推送带有坐标系或辅助图像的代数题，帮助小张增强对代数类知识点的学习。

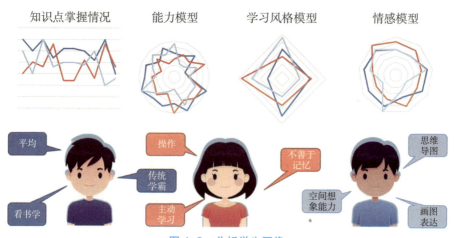

图4-2 分析学生画像

（三）智适应学习系统的嵌入性及可拓展性

智适应学习系统具有功能可嵌入性及软件可拓展性，也就是说智适应学习系统可以嵌入其他教学系统中，或者延展出其他教学系统的功能。如高木学习的"课堂教学与智适应学习系统"，还具备教师智能备课、带有智适应学习功能的智能讲义和智能作业等一系列可以用于日常课堂教学的功能。带有智适应学习功能的智能讲义可以理解为是一种面向教学的演示文档加上了智适应学习功能（如同教学专用 PPT+ 智适应推送功能），在演示文档中可以添加课堂练习题，同时课堂练习题的数据也会被系统收集，支持智适应推送功能。智能作业的功能同理。目前，高木智适应学习系统，按课前、课中、课后三大环节，以"智能助教"与"智能学伴"应用，覆盖了各类教学场景，如图 4-3 所示。

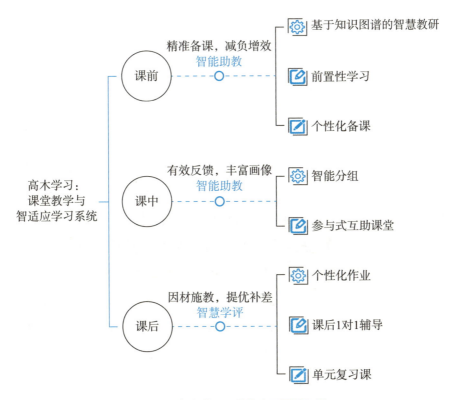

图 4-3　高木学习系统的主要覆盖场景

第二节　知识图谱驱动的智适应学习系统建设

一、智适应学习系统的设计框架

智适应学习系统需要融入智能教学的四个核心组件：学习模型、教学策略模型、学习者画像和知识图谱。笔者团队在设计与开发方面做了探索，下面将技术实现与应用场景相结合，展示智适应学习系统的设计框架。

（一）基于知识图谱的个性化学习模型 [①]

智适应学习系统的个性化学习模型，体现了知识图谱作为学习支持工具与学习者个性化学习过程的深度融合。在记录与追踪学习者的基本信息、认知水平、能力水平、情感态度等个性特征的基础上，将学习者的个性特征与知识图谱中的实体属性进行关联。知识图谱在学习者学习的过程中，一方面通过关系推理，从路径推荐、资源推荐、同伴推荐、试题推荐、系统引导等方面提供个性化支持；另一方面则发挥其图示优势为学习者动态展示个人图谱建构情况。学习者在知识图谱的支持下，在目标设定、路径选择、资源选择、知识建构、监控评价、反馈调节等环节中发挥个人感知、决策判断与修正等主体作用，积极主导并完成学习活动。在此过程中，学习者在个人图谱建构的基础上，可以结合个人的时间、学习需求（新知学习或旧知复习）等学习规划进行目标设定，也可以结合个人知识状态进行路径选择，或是结合个人偏好进行资源选择，并在个人学习状态感知的基础上进行监控评价，从而满足自身个性发展需求。基于知识图谱的个性化学习将学习者个体的脑力和体力充分调动起来，促使学习者自身的动机、认知、技能和情感水平发生变化，进而增强自身的思维能力，彰显在

---

① 刘凤娟，赵蔚，姜强，等.基于知识图谱的个性化学习模型与支持机制研究［J］.中国电化教育，2022（5）：75-81+90.

个性化学习中的主体作用，如图 4-4 所示。

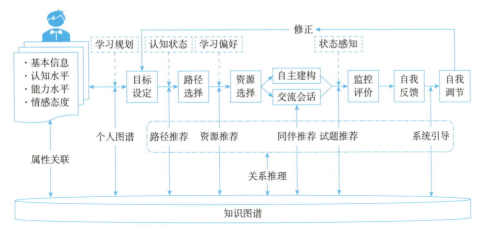

图 4-4　基于知识图谱的个性化学习模型

（二）"四位一体" 协同支持机制

在学习过程中，"四位一体" 的协同支持机制促进了学习者能力的螺旋上升。当学习者对自主控制和能力展现的基本需求得到满足时，他们会表现出更大的学习动力、学习绩效和满足感，个性也会得到充分发展。个性化学习支持是一种帮助学习者寻求适合自身学习的服务范式。因此，个性化学习意味着学习者自身应对学习承担更多的责任，是在学习活动中赋予学习者一定的控制权，并使学习者能进行自主判断、决策和体验学习过程以及评估学业成就，从而帮助其成为具备良好学习技能和策略的独立学习者。除了知识习得外，学习动力、能力和毅力的培养还可以使学习者对社会的快速发展具有更高的适应性。因此，在个性化学习模型指导下，有研究立足于为不同学习者提供适合的个性化学习，从学习者主体作用发挥与学习系统个性支持协同交互的角度出发，基于学习者动机激发、知识建构、意志增强、能力提升四个维度构建了基于知识图谱的个性化学习 "四位一体" 协同支持机制，具体如图 4-5 所示。[①]

---

① 刘凤娟，赵蔚，姜强，等 . 基于知识图谱的个性化学习模型与支持机制研究 [J]. 中国电化教育，2022（5）：75-81+90.

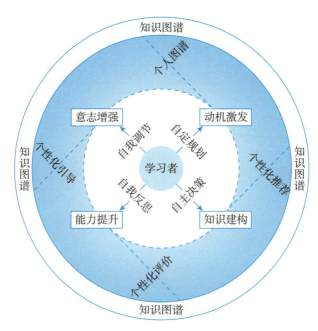

图 4-5　基于知识图谱的个性化学习"四位一体"协同支持机制

（三）学习模型：多种学习路径设计

学习模型是建设智适应学习系统的关键。传统学习以"预习→听讲→练习→纠正→回顾（复习）"为主要学习路径。由于学生的学习状态不同，表现出来的学习行为和学习偏好有较大差异。因此，长期以来如此单一的学习路径已经不适合学习者的学习方式。不同的学习者个体适合的学习模式不一样，在智适应学习系统开发中，需要设计多种学习模型来"满足"不同学习者。

1. 模式一：基于听讲的消化吸收式学习模型

基于听讲的消化吸收式学习模型最为常用，它包括新知授予、练习强化、复习巩固等环节，以教师讲授为主导，比较适用于学习主动性和学习兴趣不强的学习者。这种学习模型虽遭受批评，但仍是目前我国中小学生课堂的主要学习模式。

智适应学习系统把这种模型抽象化，形成一种学习模型，以适应这类学习者风格。如 A 学习者喜欢先听教师讲授新知，在教师的细致讲解下全方位学习知识点，再结合练习巩固知识点。根据 A 学习者的学习习惯，系统推荐其进入基于听讲的消化吸收式学习模型，先学习名师讲授视频，理解和消化后再用习题巩固，反馈对知识点的掌握程度。

2. 模式二：基于探究·发现的学习模型

基于探究·发现的学习模型是给学习者发布一项挑战性任务或一个探究场景，通过任务内容激发学习者自主学习。学习者通过查阅资料、阅读书籍或探究实验等方式完成任务，最终达到对知识点的深度理解。这种任务驱动的学习模型是一种基于自主探究的学习方式。

智适应学习系统把这种模型抽象化，形成基于探究·发现的学习模型。这种模型适合具有较强学习主动性和对学习内容感兴趣的学习者。它通过激发学习者的内在学习动力，达到知识点理解建构的学习效果，同时锻炼学习者自主思考的习惯以及发现问题、解决问题的能力。如 B 学习者对按部就班地听老师讲解不感兴趣，喜欢自主探究，他就可以选择这种学习模式，通过自主探究，在解决问题的过程中掌握知识与技能。

3. 模式三：基于测评的补偿型学习模型

基于测评的补偿型学习模型是在了解学习者知识掌握程度的基础上，明确学习起点和障碍点，开展补偿学习。这种模式适用于复习或应试学习场景。学习者进入这种学习模式，先完成相关知识测评，系统根据测评情况有针对性地讲解知识盲点、薄弱点，提供学习资源推送、定制测试题等补偿性学习服务。

智适应学习系统将其抽象为一种基于测评的补偿型学习模型，以评价为导向，根据试题结果有针对性地开展学习。这种模式对短时间内高效率地掌握知识有显著效果。如 C 学习者喜欢先做题再学习，就可以选择这种学习模式。先做测试题，根据试题测试结果系统可以了解 C 学习者的薄弱点，然后有针对性地为其规划学习路径和学习内容。

以上三种模型可覆盖中国学习者学习常模的 80% 至 90%。尽管仅设计了三种学习模式，但经过学习者的自由组合，可以演变出更多学习路径（如图4-6 和 4-7 所示）。[①] 学习者登录后须先接受学习风格测试，系统根据测试结果推荐学习模式。但是，通常情况下，学习者不会沿着某一种学习路径走到底，而是会多种模式切换，形成三种学习模式兼具的复合型学习模式。因此，这种

---

① 张治，刘德建，徐冰冰.智能型数字教材系统的核心理念和技术实现［J］.开放教育研究，
  2021，27（1）：44-54.

设计可以实现学生学习路径从单一化走向多元化。

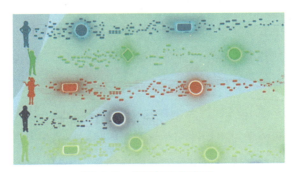

图4-6　学习轨迹示意图

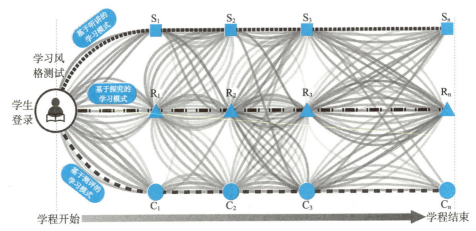

S：模式一在每个知识点提供的支持服务，如名师讲解视频、配套习题、错题讲解等。
R：模式二在相应的知识点设置的学习任务。
C：模式三在每个知识点设置的测评题与讲解。

图4-7　学习路径示意图

（四）教学策略模型：基于不同学习路径的教学设计

教学策略模型是规范，也是引导。教师走上岗位前，大都学习了大量的理论知识，如多元智能理论、认知学习理论……但是，这些理论往往难以践行。在教师培养过程中，花了大量的时间、精力把世界上先进的教育理论传授给教师，但遗憾的是教师还是用传统的方式教学。教育理念和教育实践的差距非常大。很多教师对发现学习、探究式教学还没有真正理解，即使理解，也因受制于班级环境等，最终很难实施。教师一般会选用简洁、容易驾驭的方式进行讲授。在智适应学习系统中融入先进的教学策略模型，能在课堂上真正"用"起来。

教学策略模型不是唯一的，模型之间可自由切换。主流教学策略模型有三种：讲解辅助的建构、任务驱动的探究、评价驱动的补救。三种模型彼此交叉，可以生成 N 种路径；加上学习空间的支持，智适应学习系统打开的过程才会是一场多源、异步的对话。教学策略模型同时也符合前面提到的三种学习者模型和相关的教学策略。

1. 策略一：微课 + 评价 + 资源推送

对于偏好听讲的学习者，其学习始于教师讲解。可以通过智适应学习系统里微课视频的学习，匹配以知识点相关的测试题，根据试题结果得出其知识点学习的反馈结果与评价。此类教学策略须包含视频资源、配套试题及与试题结果匹配的评价。学习的过程就是"学习内化—学习评价—评价反馈"无限循环的螺旋上升。

2. 策略二：设计问题链

第二种学习模式对应的教学策略需要设计问题链。设计问题时，第一个问题很重要，这决定着学习者的学习动机。结合的知识点应尽可能地引发学习者的好奇心和探究欲，逐渐加入启发性议题、引导性议题和探究性议题，设计出具有沉浸感的学习模式，用问题链驱动学习者不断深入地开展探究与学习；结合需要掌握的知识点，研究怎样的问题能引发学习者深入思考和探究，激发其深度学习。这需要教师精心设计问题，设计出连贯的、层层推进的问题链和问题矩阵，并通过相关的评价体系反馈学习者的学习效果。

3. 策略三：测试评价 + 资源推送

第三种教学策略主要提供习题测试，然后给出评价，再开展有针对性的学习。通过做题，系统反馈出学习者对知识点的掌握程度，据此做验证性评价，然后根据评价结果决定推送给学习者的视频、动画等学习资源，并开展有针对性的辅导，以学定教。

（五）学习者画像：根据学习者特征提供适切性服务

学习者学习会留下许多数据，这些数据经过分析可以形成学习者画像，帮

助教师了解学习者特征。学习者画像可以描绘学习者第 1 次学习产生的数据与第 2 次、第 3 次学习的区别及变化，包括学习行为路径、测试的正确率、学习时长，甚至包括学习者哪类题目一做就对、哪类题目耗时很久还是做错等。这些行为数据全面呈现出学习者的学习情况。它可以帮助学习者建立错题数据库，类似于电子错题本。学习者通过账号登录数字教材系统，系统会自动整理每个人的错题本，如图 4-8 所示。

学习者画像有助于教师了解每位学习者的起点在哪里，以及应如何给学习者帮助。例如，A 学习者登录智适应学习系统时，系统就会自动识别，显示 A 学习者始终对某个概念弄不明白。

学习者画像是一份详尽的学情报告，学生群体的学习情况也可以通过群体画像展现。教师可以清晰地了解学生在哪些知识点出现了共性的错误，并据此调整授课指导与计划。例如，下一节课该讲什么内容？哪些方面需要增加训练量？哪些方面必须增加知识讲解的精细度？

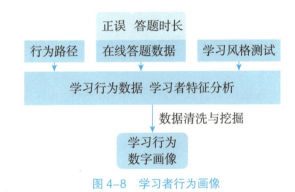

图 4-8　学习者行为画像

（六）知识图谱：让机器理解知识，赋予机器智慧

随着教育现代化进程的加速，未来的学校形态更趋向于教育智能体。学习者、学习资源、学习环境、学习方式都具有自我改进的能力。学习资源的改进离不开知识图谱。知识图谱旨在描述真实世界中存在的各种实体或概念以及它们之间的关联关系，常用于大规模知识库构建。Google、百度和搜狗等公司均构建了自己的知识图谱，将其应用于搜索引擎，以改进搜索质量，甚至可以直接回答问题。

　　如果说知识是人类进步的阶梯，那么知识图谱就是人工智能进步的阶梯。知识图谱的构建是把人工智能的基因注入教育，智适应学习系统是其最佳载体。借助这个载体，学习者在学习过程中与学习资源"互动"，促成学习资源的动态改变，使学习者的知识结构达到最优。学习者在互动中改变知识结构，教育资源也在互动中改进。而传统教材很难根据学习对象的个性做出调整。

　　知识图谱可以让教育资源自我进化，同时实现教与学的人机对话。作业和试题批改原本是教师必须承担的重要工作。随着信息技术的进步，自动批改软件开始出现，但它只能判断正误，无法给学习者提出指导性建议，无法判读学习者哪些地方没弄懂、哪些知识点没掌握。知识图谱建立了知识与知识之间动态的、多维的联系，便于计算机的识别和处理，增加了计算机和学习者之间的互动。结合知识图谱和学习过程数据，系统能判断学习者哪里不懂，甚至能推断出做错题目的前置性题目，判断出学习者的知识盲点。这相当于给教师配备了一名人工智能助手，在提高对学生个性化指导的同时也能减轻教师的负担。但是，教学也不能完全依靠机器，教师的任务是根据系统诊断书对学习者提供处理方式的指导和规划。实际教学需要教师的智慧与机器的智慧相结合。

　　从上述分析不难看出，具备前瞻性和时代性的智适应学习系统，实现了传统纸质教材无法承载的信息与能力。同时，系统基于大数据描绘的用户画像，结合知识图谱为用户构建系列化、策略化、科学化的学习体系，将课堂内外多渠道、全方位打通，使泛在化学习和智适应学习成为可能，实现线上线下教学无缝链接。这在培养新一代具有综合素养的学习者的过程中是不可或缺的。

二、知识路径矩阵（KPM）算法

（一）知识路径矩阵（KPM）的概述

　　知识路径矩阵（Knowledge Path Matrix）技术是教育科技公司高木学习独家研发的一种作用于学科知识图谱中的实体间关系定量计算、学生学习路径规划、学习内容推送等需要大数据支持及精确计算的场景的技术方法。

　　知识路径矩阵技术能计算出学科知识图谱中所有知识点实体与知识点实体

之间的两两双向对应关系的精确定量数值，从而形成一个巨大的矩阵。这种对应关系不是"单一相互的"（如 A → B），而是"双向对应的"（同时包括 A → B 和 B → A），且双向对应的值通常是不相等的，如图 4-9 和 4-10 所示。

举个例子来说，在知识图谱的数据结构中，"知识点—实数"作为一个实体与"知识点—虚数"作为一个实体，在通用知识图谱中，通常会智能进行"图数据模式的相互关联"（实数—关联—虚数）；在更高级的进一步演化的知识图谱中，可能会计算出关联的具体定量数值（实数—X—虚数）；在知识路径矩阵技术支撑的学科知识图谱中，一者对应另一者的关系是独立计算的，会计算两次（实数—A → 虚数）（虚数—B → 实数）。

为什么要进行这样双向的计算？需要从"知识"的本质进行理解——每一种知识对于其他知识来说都是"基础知识"或"前置知识"，而即便是两个"知识"之间也是相互作为"基础知识"与"前置知识"的，所以"知识和知识的关系"不应只是"一个简单的关联度数值"；这样会导致应用层在基于"知识的关系的数据"时，因为系统对知识的认知不足，导致推送的结果不合理。

选择知识点	被动运输	植物渗透及质壁分离	主动运输	胞吞和胞吐	细胞质膜的脂质有磷脂和胆固醇	细胞质膜上的蛋白质和多糖	流动镶嵌模型
被动运输		0.13	0.61	0.16	0.11	0.11	0.11
植物渗透及质壁分离	0.31		0.13	0.00	0.03	0.03	0.03
主动运输	0.68	0.06		0.19	0.04	0.06	0.04
胞吞和胞吐	0.35	0.00	0.38		0.03	0.03	0.18
细胞质膜的脂质有磷脂和胆固醇	0.13	0.02	0.05	0.02		0.63	0.45
细胞质膜上的蛋白质和多糖	0.13	0.02	0.07	0.02	0.64		0.52
流动镶嵌模型	0.13	0.02	0.05	0.09	0.44	0.50	

图 4-9　知识路径矩阵（局部）

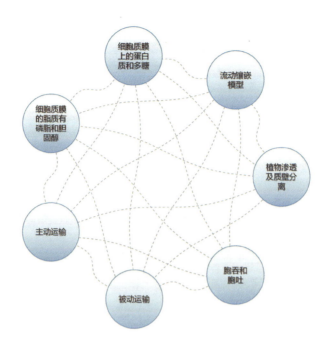

图 4-10 学科知识图谱（局部）的两两对应关系

（二）KPM 目标效率提升及应用创新说明

表 4-1 对比了现阶段实际应用的传统知识图谱（在传统教学树状模型基础上扩展的树网模型、谷歌的有向图模型）和 KPM 模型间的差异。

表 4-1 传统知识图谱和 KPM 模型间的差异

系统	自适应学习系统	智适应学习系统	智适应学习系统
知识图谱类型	传统教学树（网络）模型	通用知识图谱（有向图模型）	学科知识图谱（KPM 技术支撑）
提出者	教学、教研人员	Google	高木学习
数据依据	领域专家经验	网页、数字化教材、教辅	专家经验 + 题库标签 + 学生样本数据
数据采集来源	1. 部分教学流程缺失 2. 仅限考试、作业或课外培训等某一环节的数据		日常教学全流程场景
数据维度	以结果数据为主		多为学习行为数据

（续表）

系统	自适应学习系统	智适应学习系统	智适应学习系统
核心技术	教学实践→经验总结	概念抽取、定性关联	1. 通过大数据定量关联 2. 全局学习路径规划
优势	符合人类认知习惯	1. 通用型 2. 适合"知识体系空白"的领域	1. 符合人类认知习惯 2. 专用型（充分利用领域知识） 3. 通过大数据定量
劣势	1. 经验限制 2. 精度不足 3. 无法避免缺漏	1. 缺乏专业领域知识利用 2. 可理解性差 3. 有定性无定量	数据规模导致计算量大
适用领域	1. 传统教学 2. 教材教辅编制	搜索、联想式推荐场景	1. AI+教育领域 2. 特别适用于学习路径规划

下面对通用知识图谱与 KPM 技术支撑的学科知识图谱（以下简称"KPM 学科知识图谱"）的构建理论和应用效率进行对比说明。

1. KPM 学科知识图谱构建理论上的优势

KPM 学科知识图谱首次在教育领域对知识两两双向对应关系精确定量。

（1）KPM 算法建立知识链接的依据是学生认知，通过采集、分析学生的日常学习行为数据，从学生的认知反馈里体现知识间的关系。相比之下，通用知识图谱是以课本的语义分析构建出来的，知识点间的链接准确性受数据影响较大。

（2）通过 KPM 算法建立的知识链接更全面。一方面 KPM 算法构建的是封闭范围内任意两个知识点间的关系，另一方面知识点间的关联关系具有双向性。由专家经验构建的知识图谱的知识点关联数量与 KPM 学科知识图谱甚至不在一个数量级上，且多为单向关系。

（3）由 KPM 算法构建的知识点间的关系可量化，在应用上有助于更精准地推断出导致个体学生某个知识点薄弱的最大概率的原因组合。而仅由语义分析关联出的知识点间的关系无可量化或量化精度低，会影响实际应用中的测评和优化效率。

2. KPM 学科知识图谱构建理论在实际应用中的优势

（1）KPM 算法可在同等样本条件下更精准地描绘出学生的知识掌握情况。

（2）学生可通过更少的训练量达到系统设定的知识点掌握度提升目标。

（三）KPM 算法模型的构建

在英国皇家工程院院士、欧洲科学院院士、英国帝国理工学院数据科学研究所所长郭毅可院士的指导下，笔者团队开发了基于知识图谱的 KPM（知识路径矩阵）算法与平台。构建流程主要包括 3 个部分：一是使用专家经验初始化矩阵，二是利用标签化题库提升矩阵的度量精度，三是通过不断累积的学习样本数据持续进化更新矩阵中的度量值。核心数据结构图如图 4-11 所示，搭建的基于知识路径矩阵模型（KPM）的平台架构如图 4-12 所示。这为智适应学习系统建设提供了算法和平台框架。

三、智适应学习系统的建设

以高木学习的智适应学习系统为例，其基本构成包括数据层、应用层、交互层。数据层为应用层提供数据支持，应用层为交互层提供界面显示与后端数据，交互层在与用户交互后回传用户交互数据至应用层，应用层再回传至数据层，如图 4-13 所示。

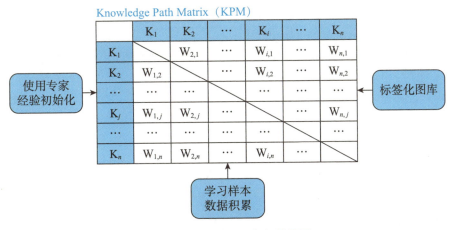

图 4-11　KPM 核心数据结构图

知识图谱建构平台

教研　教师

知识树建构工具	知识—版本关联	图谱可视化
知识矩阵构建模块	KPM进行模块	图谱数据接口服务
知识抽取模块	知识融合定性关联

内容资源生产平台

教研　教师

生产者管理	知识点编撰	题库编撰	AI讲义编撰
人工标注	智能标注	智能检测	审核评估
分布统计工具	抽取沉淀模块	错误反馈机制	改错优化

知识图谱

内容资源库

路径规划模块　内容推荐模块　学习者模型　量化心理学

教师平台

教师

课前：AI备课

| 公共资源共建共享 | 校本资源共建共享 |
| 教案编排智能建议 | 智能选题、组卷 |
| 班级/个体自适应讲义生成 |

课中：AI闭环讲义

| 投影/大屏适配 | 多教学环节控制 |
| 实时数据采集 | 实时数据反馈 |

课后：

| 自适应作业管理 | 测评与阅卷 |
| 作业批改、分析 | 教学效果分析 |

| 班级管理 | 家长沟通 |

班级/个人数据分析报告（全局—课时—环节）

预习

随堂练习

完成作业
作业报告
在线测评

学生平台

学生

AI教练：学习路径规划

| 个性化课程 | 元认知训练 |
| 个性化训练 | 成就感适配 |

同侪学习

| 合作小组 | 竞技挑战 |
| 孩子的朋友圈 |

激励体系

| 积分体系 | 社区商城 |

开放式自主学习
自主课程、自主训练
错题本

管理监测平台

管理者

学生画像

教师画像

教育学情分析
决策支持

管理支持系统

日常教学业务库　　教/学行为样本数据库　　大数据挖掘模块

图4-12　搭建基于知识路径矩阵模型（KPM）的平台架构

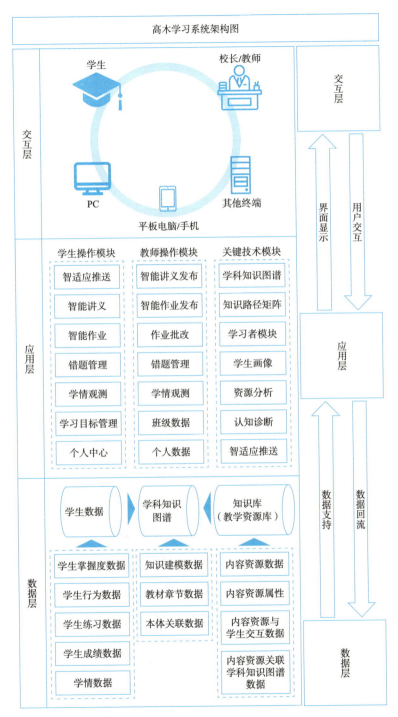

图 4-13　高木学习系统的架构图

其中,数据层由用户数据、学科知识图谱、知识库(教学资源库)组成;应用层由学生操作模块、教师操作模块、关键技术模块组成;交互层由学生、教师两类主要用户操作,由 PC、平板电脑 / 手机、其他终端为交互终端,如图 4-14 至 4-16 所示。

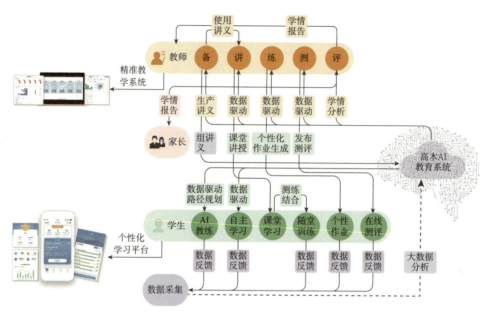

图 4-14　高木智适应学习系统

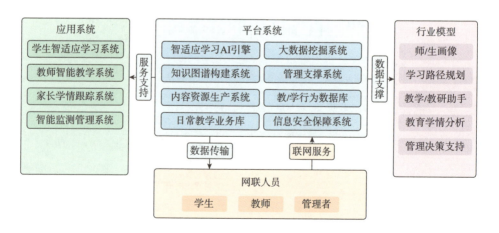

图 4-15　应用于学校的智适应学习系统的基本构成

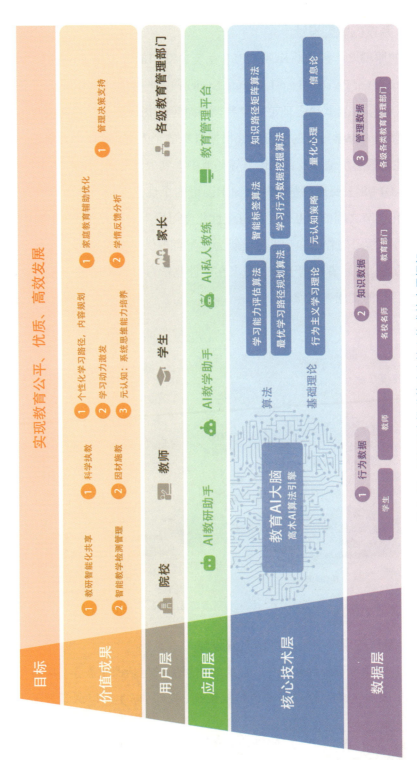

图 4-16 以智适应推送算法为核心构成的应用框架

目标

实现教育公平、优质、高效发展

价值成果

1 教研智能化共享
2 智能教学检测管理

1 科学决教
2 因材施教

1 个性化学习路径、内容规划
2 学习动力激发
3 元认知：系统思维能力培养

1 家庭教育辅助优化
2 学情反馈分析

1 管理决策支持

用户层

院校

教师

学生

家长

各级教育管理部门

应用层

AI教研助手

AI教学助手

AI私人教练

教育管理平台

核心技术层

教育AI大脑
高水AI算法引擎

算法

学习能力评估算法
最优学习路径规划算法
行为主义学习理论

知识路径矩阵算法
智能标签算法
学习行为数据挖掘算法
元认知策略

信息论
量化心理

基础理论

数据层

1 行为数据
学生

2 知识数据
各校名师
教师
教育部门

3 管理数据
各级各类教育管理部门

（一）系统的原型设计

系统的原型设计参考了 KG-LDPLS 系统。KG-LDPLS（Knowledge Graph-Learner Dominant Personalized Learning System）是一个基于知识图谱的个性化学习系统，系统在自我决定理论和自我调节理论的指导下为学习者授权，在学习过程中使每一位学习者的学习能够根据自身的个人需求，在个人规划、自主决策、自主监控与反馈以及自我调节等环节中得到个性发展，具体如图 4-17 所示。KG-LDPLS 主要通过基于外在知识图谱的个性化支持与基于内在自我决定的个性化调节之间的相互作用促进个性化学习发生。一方面，知识图谱通过图谱构建层、学习推荐层和个人图谱层为学习者提供显性或隐性个性化学习支持；另一方面，学习者则基于个人需求在个性化学习过程中通过个人表现促进个性发展目标的实现。[①]

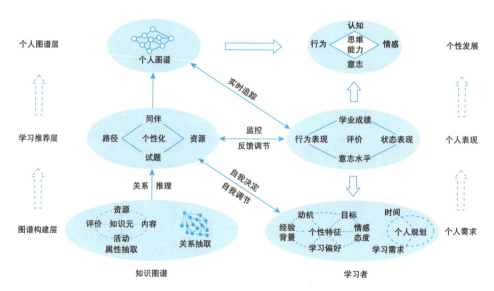

图 4-17　KG-LDPLS 原型结构[②]

（二）系统的用户应用与数据流通逻辑

在智适应学习系统的使用中，常见的使用场景包括课堂教学、课后作业、自主学习（课堂或课后），参与角色包括系统、教师、学生。以课堂教学为例，

①② 刘凤娟，赵蔚，姜强，等．基于知识图谱的个性化学习模型与支持机制研究［J］．中国电化教育，2022（5）：75-81.

课堂上使用带有智适应学习的智能讲义系统的流程如图 4-18 所示。

由图 4-18 可见,红色部分由智适应学习系统进行,很大程度上取代了教师的工作,能为教师减负。

以课后作业为例,课后使用带有智适应推送功能的智能作业流程如图 4-19 所示。

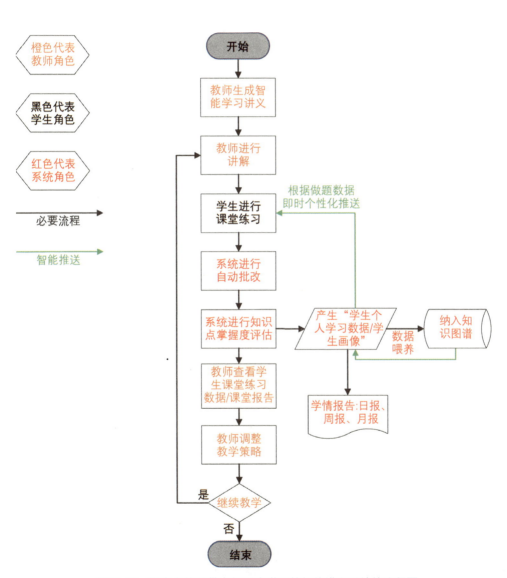

图 4-18 课堂上使用带有智适应学习的智能讲义系统的流程图

知识图谱驱动的教学智能化改造

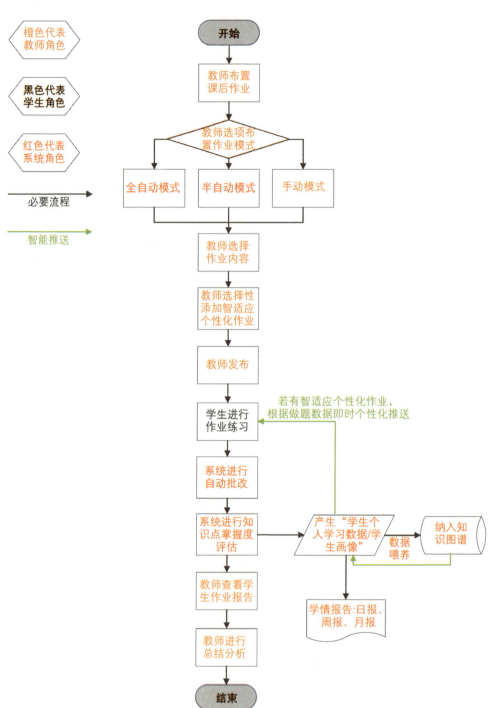

图 4-19　课后使用带有智适应推送功能的智能作业流程图

以自主学习（课堂或课后）为例，使用带有智适应推送功能的 AI Tutor 流程如图 4-20 所示。

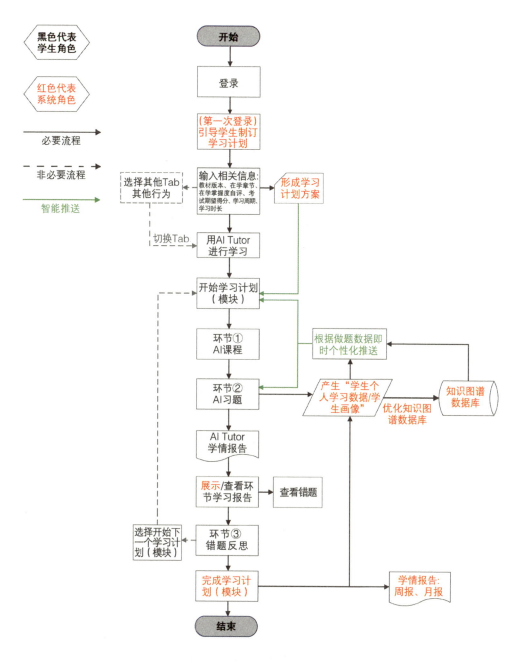

图 4-20 使用基于学科知识图谱的智适应学习系统进行自主学习的流程

以在教师的引导下进行自主学习（课堂或课后）为例，使用带有智适应推送功能的一种游戏化 AI 课程流程，如图 4-21 所示。

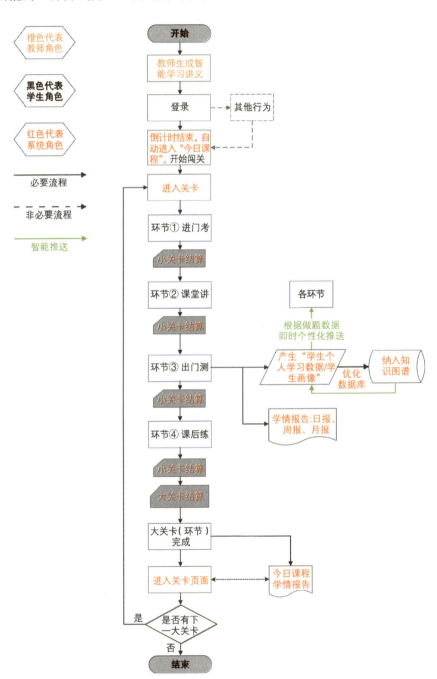

图 4-21　游戏化 AI 课程的流程图

（三）智适应学习系统的应用成果与实效

1. 智适应学习系统的应用场景

笔者团队以知识图谱为基础，以资源图谱为支撑，以学习者画像为起点，以教学策略模型为核心，以 KPM 为推荐算法，以学习数据为反馈，以提升学生生物学核心素养为根本导向，与技术公司合作，构建了指向素养提升的智适应学习系统的建设方法与路径，建立了全国首个指向素养提升的智适应学习系统，为其他学科进行智适应学习系统建设提供经验。相应的理念和模式在全国乃至国际上也属前沿。如图 4–22 和 4–23 所示，基于知识图谱的智适应学习系统设计的应用场景包括 3 个。一是课堂教学场景，基本逻辑是"教师备课→智能分组→推送个性化资源→学生课堂自主学习→教师课堂精准提问和教学→解决问题→推送个性化作业"，主要探索课堂教学"1 加 1"的路径。二是新课自主学习场景，基本逻辑是"选择章节→推送学习资源→试题推送→学习结果诊断→推送个性化学习资源→……"。产生的数据可以有利于教师精准备课，主要探索课前备课"1 帮 1"的路径。三是自主复习场景，基本逻辑是"选择章节→设计目标→试题推送→学习结果诊断→个性化推送学习资源→个性化试题推送→学习结果诊断→……"，主要探索课后辅导"1 对 1"的路径。

图 4–22　基于知识图谱的智适应学习系统的学生用户界面

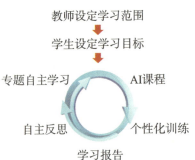

图 4-23　基于知识图谱的智适应学习系统的教师用户界面

（1）实现了学习路径的可视化，为精准教学提供依据

平台可以看到学生的学习路径，通过分析学习路径可以为精准教学提供依据。例如，在"温度对光合速率的影响"的教学中，教师根据经验认为此内容和光合作用中酶的活性关联，学生没学好可能是因为酶的特性没有学好，但结果讲下来效果甚微。根据路径可以看出，很多学生在学习这个内容时都要经过蛋白质的结构。基于此，进行教学时强化了对蛋白质结构这个内容的讲解，效果很明显。也就说，教师的经验可能无法完全正确，需要系统的精准支持。通过智适应学习系统可以看到每个学生的学习路径，实现因材施教。如图 4-24 所示。

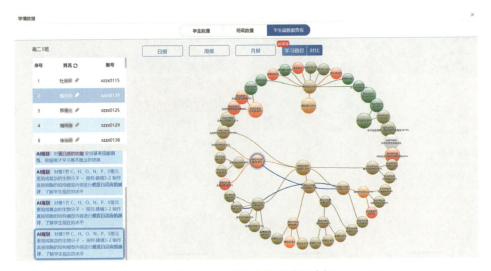

图 4-24　学生个性化学习路径

（2）实现了学生诊断精准化，提高课堂教学效率

在现有的学生诊断数据中，反馈给学生的诊断结果颗粒较大，多以模块或章节的形式反馈。例如，某学生对细胞代谢模块的掌握较为薄弱，而细胞代谢模块包含 30 多个知识点，学生并不知道具体哪些知识点出现了问题，要弥补的话可能会把 30 多个知识点一起复习，花费大量的时间和精力。在知识图谱智适应系统中，以知识点为单位对学生的学情进行诊断和反馈，每个学生对每个知识点的掌握程度可以清晰地呈现出来。这样，学生可以更加精准地知道哪些内容学得比较好，哪些内容掌握比较薄弱，从而大幅度减少学生的学习负担，实现精准学习。如图 4–25 和 4–26 所示。

上海市行知中学高二（1）班   上海市行知中学高二（4）班

图 4–25　班级数据直观化呈现

学习的静态诊断报告

图 4–26　某学生学习数据的直观化呈现

（3）通过 KPM 算法为学生课外开展自主而个性化的学习进行智能推送

破除"打标签"的资源推送方式，创造性地以 KPM（知识路径矩阵）算法进行学习资源的个性化推送，综合学生的学习状况推送适合的学习资源，并依据学生的学习状况即时改变推送路径。例如，对上一道试题解答的情况决定着下一道试题的推送内容。记录学生的学习路径，促使学生课外进行高效、自主、个性化的学习。相关推荐算法为其他学科的智适应推荐提供参考。实现资源和作业推送的精准化、个性化，实现减负增效。基于知识图谱的智适应学习系统建立了各个知识点之间的关联，并经过大数据和算法将这些关联进行定量化处理。例如，实体 1 与实体 2、3、4 的关联系数分别为 0.6、0.9 和 0.4，当学生在实体 1 出现问题后，系统会优先推送实体 3 的学习资源，如图 4-27 所示。这种关联系数还会随着使用学生人数的增加不断地进行修正。除此之外，系统会根据学生的整体学习数据推送个性化的作业。在实践中，可以设计个性化作业和整体作业的数目。一般情况下，设计 2 道题目为相同题目，8 道题目为个性化题目。

图 4-27　资源和作业推送的精准化与个性化逻辑

2. 智适应学习系统的应用实效

（1）学生的生物学核心素养和学业成绩明显提升

在实验实践中，智适应学习系统的实践教学可以高效落实生物学概念，学生的生命观念、科学思维和科学探究等核心素养有了明显提升，能明显提高学生的学业成绩，使用智适应学习系统的实验班级整体均分提高明显，低分人数明显减少。在同等学习时间内，实验班学业成绩均分提高 5 分左右，如图 4-28 所示。在上海市高中学业等级考试中获得 A 的比例逐年提升，2022 年常态化实验班在高中生物学学业水平等级考试中获得 A 以上的比例突破 70%。

	期中考试（区统考）	期末考试（区统考）
	均分	均分
实验班	80.1	85.4
对照班	80.1	80.3

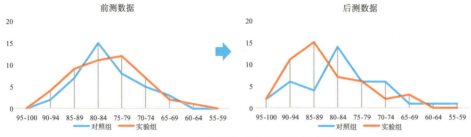

图 4-28　对照班与实验班的数据对比

① 实验班平均分的提升速率大于对照班级

从图 4-28 中可以看出，试点前两个班级的均分相似，试点后两个班级的均分差值为 5.1 分，均分提升效果明显。

② 实验班优秀生提升明显

从上述数据可以看出，试点前实验班优秀学生与对照班大体相当，试点后实验班优秀学生比对照班明显增加，说明此系统对资优生的培养有着重要价值。

③ 实验班后进生进步明显

从上述数据可以看出，试点前实验班和对照班的后进生相似，试点后实验班后进生人数为 0，实验班后进生明显少于对照班，说明此系统的使用对后进生的补差学习有一定的价值。

（2）社会责任核心素养明显提升

本研究对学生社会责任素养水平的提升有了新的思路和探索。学生通过多次实践活动践行健康生活、环境保护、责任担当，完成的"宝山区城乡居民对城市湿地生态服务功能及保护现状的调查与研究""南汇东滩盐沼湿地大型底栖动物潮周期变化特征及影响因子"等十多项课题获得上海市青少年科技创新大赛一、二等奖；学生自发开展"宝山区城乡居民对长江口湿地生态服务功能调研"，得到上海新闻电视台的报道，受到广泛好评和赞赏。

第三节　知识图谱驱动的其他教学应用系统

知识图谱除了可以作为智适应学习系统的底层逻辑外，还能用于智能教材开发、知识检索、学情分析、智慧教育大脑的开发等。

一、知识图谱用于教材的智能型数字化改造

传统的数字教材普遍存在设计与用户体验感有待提高、教材内容不能满足学习者的个性化需求、内容呈现与交互方式单一、数字教材相关标准不完善、开发机制不够完善、缺乏"复合型"专家建设团队等问题，知识图谱为改变数字教材弊端并向智能数字教材的升级提供了解决方案。

知识结构图谱化、资源组织系统化、学习数据可视化、学习管理智能化四个维度是智能型数字教材系统的核心理念。融入学习模型、教学策略模型、学习者画像和知识图谱四个核心组件的智能型数字教材系统的技术实现路径及其推进机制，以支撑不同学科教师和不同学习者的智适应学习服务需求，将教材的解读弱中介化，促进教育公平和学生学习效能的提升，以期引发教育教学模式和教育供给方式的大变革。

二、知识图谱用于知识检索

如本书 54 页图 3-10 所示，章节、知识点与内容资源之间形成了相互关联的关系，教师可以根据知识图谱进行内容资源检索和知识检索，也可以通过章节结构进行资源检索与知识检索。具体可以区分出几种用法：①章节、知识点与资源间相互检索；②从知识点起始，利用学科知识图谱检索相关知识点；③从资源起始，检索相关资源。

"章节、知识点与资源间相互检索"指的是，可以通过章节找到章节相关的知识点，再由知识点找到关联的资源；可通过属性条件筛选资源；亦可通过资源找到知识点，再找到章节。

"从知识点起始，利用学科知识图谱检索相关知识点"指的是，教师与学生可以通过学科知识图谱的可视化显示或应用了学科知识图谱的信息化系统可以通过学科知识图谱数据查看、检索与此知识点具有定性关系和定量关系的知识点，快速捕捉与此知识点相关的知识点。对于教师，此功能常用于探究知识点之间的相互关系，用于备课与教研；对于学生，此功能可以帮助学生更清晰地了解知识的结构，促进学生程序性知识和元认知能力的提升；对于信息化系统，这是进行简单适应性资源推送的有效手段。

"从资源起始，检索相关资源"指的是教师、学生及应用了学科知识图谱的信息化系统，可通过资源与学科知识图谱的关联关系，快速找到资源的相关资源；或是在此基础上，通过资源的属性值，检索相关资源。

这三种方法在实际使用时是相互组合的，如教师通过方法一，从知识图谱里找到光合作用资源中的某一题，再通过方法三找出此题的近似题。

从本质上来说，这种检索方式类似应用了通用知识图谱的"搜索引擎"，但是区别在于它是专门应用于教学领域的一套搜索引擎，使用的也是更专业的学科知识图谱，能实现传统知识图谱难以实现的功能（如以上三种方法）。

三、知识图谱用于学情分析

知识图谱能通过可视化的方式，同时表达知识的结构与某个单位知识点的掌握情况。图 4-29 是高中生物学学科局部的知识图谱，可以表达某个人、某个班级或某个学校的知识点掌握情况，其中颜色越红表示该知识点掌握度越低，颜色越绿表示知识点掌握度越高，黄色则是中间水平。

（一）教学分析

用不同班级带有掌握度信息的知识图谱，可以快速可视化地观测到每个班级哪些知识点掌握度良好或不佳，或是快速地对全局知识点的掌握情况进行

对比，进而从结果倒推原因，分析班级掌握度存在差异的原因（通常是教学的差异）。

（二）智慧同侪教学

基于知识图谱，系统能快速地对全局知识点的掌握情况进行对比，自动或手动找出优势互补的学生，让他们成为一个学习小组进行小组学习，从而实现同侪教学。

（三）智慧教研

班级学情数据可视化表达，可以快速让教师直观地了解到班级知识点的掌握情况和分布情况，从而在新课备课、复习等场景中得到有力的数据支持，为课程设计、目标设计、课程内容选择提供依据。

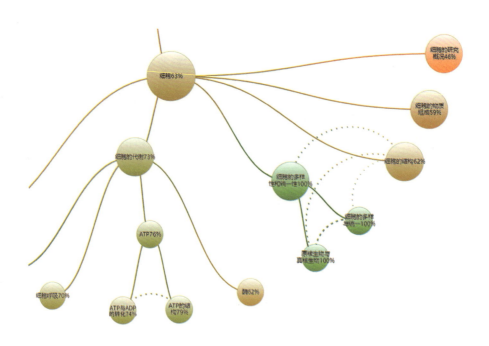

图 4-29　高中生物学学科知识图谱

第四节 智适应学习系统应用的实证研究

一、研究过程与方法

基于知识图谱的生物学智适应学习系统已经在上海市多所学校进行广泛使用，为了研究智适应学习系统对学生学习的有效性，项目组在上海市吴淞中学（市实验性示范性高中）、上海市顾村中学（区实验性示范高中）、上海市奉贤区致远高级中学（区实验性示范高中）和上海市宝山区海滨中学（普通高中）进行实验研究，参与班级有 8 个班，参与学生 308 人。

各所学校要求实验班和对照班在前测中的成绩没有显著性差异，且学生分班层级、学生思维能力、学习自主性等均相似。对照班级进行传统教学，实验班级利用智适应学习系统进行教学，保证学生的学习时间和强度相似，并且做好实验可能带来影响的补救方案。实验教学时间为 2 个月左右，然后对实验班和对照班进行测试。后测数据利用 SPSS 进行分析统计，推测智适应学习系统的效果。除此之外，项目组对教师、学生和家长进行问卷调查和访谈。上海市吴淞中学的实验情况举例见表 4-2 至表 4-5。

表 4-2 试验单元信息

试验学科	试验年级	课时数量	单元名称	内容简述
高中生物学	高一年级	6 课时	第 2 单元 细胞的分子组成	元素、蛋白质、核酸、糖类和脂质

表 4-3　试验对象信息

试验班级		对照班级	
班级名称	高一（2）班	班级名称	高一（3）班
任教教师	谷老师	任教教师	谷老师
学生数量	40 人	学生数量	40 人
前测情况分析	高一（2）班和（3）班为相同层次的班级，分班时语、数、外平均分相似，学生的认知能力和思维能力等素养相似。因为刚开始接触高中生物学，2 个班级学生对生物学概念的学习基础相似。		

表 4-4　实验班智适应学习系统的应用方式与要点

应用方式	实施要点
备课助手	资源质量和学情精准分析，为备课提供数据
作业辅导助手	智适应系统的精准评价和个性化推送
布置任务	布置学习任务要考虑对照班和实验班的学习时间相同

表 4-5　研究变量及证据获取途径

序号	因变量名称	内容解释	证据获取途径
1	学习效果	核心素养水平	阶段测验
2	学习负担	学生对智适应学习系统的态度	课堂观察、问卷调查、访谈研究
3	学习样态	基于智适应学习系统的自主学习	系统中的过程数据记录

二、研究结果与分析

　　学生进入实验前进行前测，并利用 SPSS 进行统计，所有学校对照班和实验班的学生前测成绩无显著性差异。实验结束后，对实验班和对照班的学业成绩进行后测分析，并对教师、学生和家长进行问卷调查和访谈。后测显示，4所学校实验班的学生成绩均高于对照班，且有显著性差异。可以认为，智适应学习系统对促进学生学业成绩提升具有一定的促进作用。上海市吴淞中学的学生前测和后测数据如下。

（一）前测数据分析

前测试卷满分为 100 分，前测数据见表 4-6。从中可以看出，实验班、对照班的均分分别是 85.40 和 85.08，检验结果 p 值为 0.846。因此，统计结果不显著，实验班、对照班在得分上不存在显著差异。

表 4-6　t 检验分析结果

	班级（平均值 ± 标准差）		t	p
	实验班（n=40）	对照班（n=40）		
得分	85.40 ± 7.57	85.08 ± 7.36	0.195	0.846

（ * $p<0.05$，** $p<0.01$ ）

（二）后测数据分析

后测试卷满分为 50 分，后测数据见表 4-7。实验班、对照班的均分分别是 35.55 和 29.10，检验结果 p 值小于 0.01。统计结果显示差异极显著，实验班、对照班在得分上存在极显著差异。

表 4-7　t 检验分析结果

	班级（平均值 ± 标准差）		t	p
	实验班（n=40）	对照班（n=40）		
得分	35.55 ± 4.43	29.10 ± 5.37	5.864	0.000**

（ * $p<0.05$，** $p<0.01$ ）

（三）前、后测数据比较与分析

比较前测与后测数据，可得出实验班在使用智适应学习系统辅助教学后学生的生物成绩有了显著的提高。智适应学习系统运用于辅助生物教学，与传统预习课本、纸质训练和自主学习相比具有较大的优势。

三、学生、家长和教师调查结果

项目组对 594 名学生、56 名教师和 258 名家长进行问卷调查，多数学生、教师和家长支持适当利用智适应学习系统赋能课堂教学。

在教师调研中，82.15% 的教师认为智适应学习系统可以减轻教学负担；94.64% 的教师认为智适应学习系统产生的数据能促进精准备课；91.07% 的教师认为智适应学习系统可以实现即时互动，尤其是布置课后作业智能、方便；80.36% 的教师认为智适应学习系统能够提高班级的教学成绩，对薄弱学生的补救学习有很大帮助，在教学中发挥重要作用。

在学生调研中，82.15% 的学生认为系统能判断自己的薄弱点并推送相关学习资料，系统中的课程资源利于他们的自主学习；82.82% 的学生利用智适应学习系统实现了对薄弱知识的补救学习；72.39% 的学生认为智适应学习系统的使用提高了自己的学习兴趣、学习动力和学习效率；69.53% 的学生学业成绩明显提升。

在家长调研中，76.74% 的家长认为孩子使用智适应学习系统学习时的状态认真，智适应学习系统对孩子的学习有帮助；97.73% 的家长支持适当利用智适应学习系统布置作业。在孩子利用智适应学习系统学习时，家长关心的依次是：智适应学习系统是否能有效提高孩子的学习效率、是否会对孩子的视力造成影响、是否能提高孩子的学习兴趣、孩子是否会玩其他无关的 APP、是否会加大孩子的学习负担、是否会影响孩子其他的功课，等等。

▶ 第五章

基于知识图谱的
人机协同教学新范式①

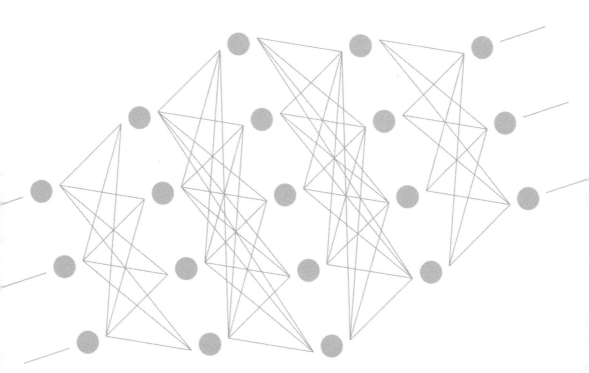

---
① 教学新范式是指教育目标的重新定位和教学价值观念的重新转型，以及基于互联网思维再造学与教模式、运用智能技术实现因材施教（陈明选，2020）。

本章导读

人工智能与教育教学融合程度的不断深化,推动了人机协同课堂的教学理论探索和实践创新,为促进课堂变革发挥了重要作用。以教育大数据和人工智能为代表的信息技术为学习数据的全过程记录提供了技术支持,也为精准教学的快速发展提供了良好契机。

知识图谱作为一种新型的结构化的语义知识网络,能够描述现实世界中的各种实体及复杂的语义关系,并能实现自动化或半自动化的构建。基于知识图谱技术开展教育资源的知识整合,不仅推动了新形态的教育教学资源体系的构建,而且促进了教学流程的重塑。①

基于知识图谱的智适应学习系统提供了多个学习场景。智适应学习系统如何嵌入传统课堂?如何为课堂教学赋能?笔者团队在实践中探索了嵌入式、翻转式、诊断补偿式、沙龙式等课堂教学形态,改变过去满堂灌、齐步走的教学弊端,支持大规模、个性化因材施教。在大规模实践中,发现智适应学习系统可赋能教学,显著减轻教师负担,实现学习过程可视化、学情诊断精准化、资源和作业推送个性化等,为提高学生核心素养、教师精准教学和学生个性化学习提供智能支持。

如何实现与智适应学习系统相匹配的教育创新?教育的社会组织与教学方式必须与之相适应。阅读本章前,请您思考:

1. 智适应学习系统具有哪些功能?

2. 如何实践人机协同教学新范式?

---

① 上海市电化教育馆.共享泛在智慧的教育新家园——2020 上海基础教育信息化发展蓝皮书[M].上海:上海教育出版社,2021.

第一节　智能系统嵌入式教学

基于知识图谱的智适应学习系统为传统教学提供资源赋能和数据赋能，系统提供了各知识和素养的微课、试题、动画、文本等，以及个性化推送的逻辑算法。教师在课堂教学中充分融入智适应学习系统的资源和数据，平衡群体学习和个体学习，提质增效，培养学生的生物学核心素养。

一、嵌入式教学的实施流程

嵌入式课堂教学新范式是将智适应学习系统融入课堂教学中，融入的方式主要是学生在智适应学习系统中的常态化学习数据为课堂教学中的精准备课、学生智能分组、资源精准推送、精准提问等提供依据。智适应学习系统中的学习资源可以在课堂上为学生提供个性化的学习资源和作业试题。嵌入式课堂教学新范式的实施流程如图 5-1 所示。

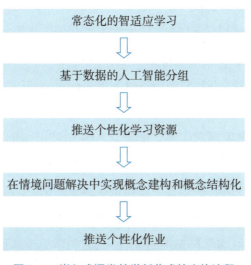

图 5-1　嵌入式课堂教学新范式的实施流程

（一）常态化的智适应学习

基于知识图谱的智适应学习系统为学生提供了自主学习的场景，教师可以引导学生常态化学习章节或单元内容，智适应学习系统可以产生每个知识的数据以及学生的学习路径。学习数据以班级为单位，教师可以看到班级学生在每个知识中的学习情况，哪些知识学生掌握得比较好，哪些知识学生掌握得比较薄弱。对于掌握比较好的知识，教师可以少讲；对于大部分学生掌握比较薄弱的知识，教师在备课时可以设计探究或任务活动，引导学生参与实践，增强对薄弱知识的掌握，提高学生的探究和思维能力。同时，教师也可以看到学生个体的学习数据和学习路径。根据学生个体的学习数据可以实现精准提问；根据学生的学习路径可以建立知识与知识学习的关联，有效调取学生的原有认知，发现学生的最近发展区，提高学生的学习效率。

（二）基于数据的人工智能分组

在探究课堂教学中，很多时候需要进行小组合作和讨论。当前分组多是前后桌同学成为一组，或是教师根据经验将班级学生分成若干组。但是教师对学生的认识往往会出现偏差。智适应学习系统能够提供每个学生的学习数据，教师可以根据学生的学习数据进行科学分组，可以是知识优势互补分组，可以是能力优势互补分组，也可以是分层分组等。

（三）推送个性化学习资源

智适应学习系统根据 KPM 算法为学生推荐个性化学习资源，课堂中可以根据情境任务安排学生在一定的时间内进行自主学习，不同学生学习的资源不同，可以实现不同学生在短时间内各自完成对薄弱知识的学习，大大提高课堂效率。

（四）在问题情境解决中实现概念建构和概念结构化

教师在课堂中设计一些情境任务，引导学生利用在智适应学习系统中学习的知识进行解答，在解答的过程中建构班级薄弱的知识，也可以对单元的知识进行结构化处理。教师在此环节中，要设计真实情境的问题，引发学生兴趣，引导学生将情境问题与学科知识相关联，通过科学思维和科学探究解决问题。在建构概念的同时，提升学生的生物学核心素养。在此过程中，需要学生的合作探究，也需要师生之间的相互交流。教师要给予学生充分的时间去探究讨论，在师生互动时教师可以根据学生个人的学习数据进行精准提问。例如，某个学生对 A 知识的掌握较为薄弱，可以引导学生说出对 A 知识的认知过程，教师判断薄弱的原因，然后进行精准教学。

（五）推送个性化作业

实现概念建构和问题解决后，需要引导学生对学习内容进行总结并设计个性化作业。可以设计 m 道通用题目，也就是班级学生都一样的试题，再加上 n 道个性化题目，也就是每个学生都不同的试题。个性化试题是智适应学习系统根据学生个人学习数据进行自动化推荐的题目。这样可以保证每个学生做适合自己的作业，实现减负增效。

二、嵌入式教学案例——细胞代谢复习课

（一）教材分析与设计思路

本节教学内容是对高中生物学必修 1《分子与细胞》中的次位概念"细胞的功能绝大多数基于化学反应，这些反应发生在细胞的特定区域"的二次学习，主要内容包括酶、ATP、光合作用、细胞呼吸等。其中，概念的结构化处理和生产生活中的应用、学生生物学核心素养的培育是本节课的重点和难点。在学情分析时，发现学生有 2 个特点：一是学生虽然已经学习了光合作用、细胞呼吸等学科概念，在练习反馈中学生初步具备利用各个学科概念解决问题的科学思维方式和学科探究能力，但是各个概念之间的联系及结构化还很欠缺，解决复杂情境中的问题的能力还有待提高；二是学生之间差异较大，不同学生对各个学科概念的掌握情况不同，学生的科学思维和科学探究能力也有较大差异。在概念结构化和情境问题解决过程中要关注不同群体学生的原有特征，平衡群体学习与个体学习之间的关系，为每一个学生设计个性化、自适应的学习路径。基于此，教师利用智适应学习系统进行了嵌入式教学实践。

（二）教学目标

根据课程标准、学情状况，并围绕培养学生的核心素养，制定了如下教学

目标。

（1）通过"探索生态瓶原理"的情境任务，将光合作用、细胞呼吸等概念逐渐结构化，形成物质与能量、稳态与平衡等生命观念，并尝试解决生活中的问题。

（2）在完成真实情境任务过程中，利用归纳与概括、推理与演绎等思维方式，经历分析问题、解决问题、小组合作等过程，提升科学思维与科学探究能力。

（3）通过任务的完成和交流，能够感受到生物与环境的平衡之美，承担起保护环境从我做起的社会责任。

（三）教学过程

课前准备：教师在智适应学习系统教师端设置学习范围，可以选择教材版本、学习范围等参数，也可以由学生自己选择学习范围，如图 5-2 所示。

图 5-2　智适应学习系统教师端设置

学生利用"知识图谱·智适应学习系统"进行细胞代谢单元的学习，学习时间是周六周日，每天学习 1 小时，学习过程是"习题诊断→个性化推送→知识和微课学习→习题再诊断→个性化推送→⋯⋯"，实现循环学习。不同学生对各个概念的掌握程度不同，使得推送的个性化学习资源有较大差异，进而使各个学生的学习路径不同。系统不仅统计班级学生群体的学习情况，还会记录每一个学生的学习路径、学习过程、薄弱概念和优势概念等，形成每一个学生的学习画像。

在班级信息统计中，可以统计全班学生对试题概念的掌握情况，如父类实体"光合作用的色素"全班学生的掌握情况如图 5-3 所示，末端实体"光合作用色素的种类及颜色"全班学生的掌握情况如图 5-4 所示。

图 5-3 "光合作用的色素"全班学生的掌握情况

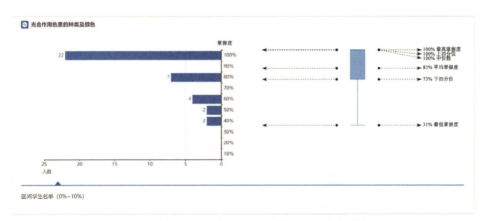

图 5-4 "光合作用色素的种类及颜色"全班学生的掌握情况

在学生个体信息统计中，可以查看每一个学生的学习时间、正确率、练习题目数等数据，如图 5-5 所示。还可以看到每一个学生的学习数据，包括每个末端实体概念的学习数据，如图 5-6 和图 5-7 所示。

图 5-5　学生的学习时间、正确率、练习题目数

图 5-6　学生的学习情况雷达图

图 5-7　学生的详细学习数据

1. 智能分组，合作交流

根据课前学生进行"知识图谱·智适应学习系统"学习的大数据，精准判断每一个学生的优势概念和薄弱概念等信息，将班级学生分成 5 组。分组依据有优势互补、性格互补、特长互补等。例如，在第一个小组中的 4 名学生，对细胞呼吸概念总体的掌握度分别是 62%、42%、77%、94%；再进行更末端实体概念的分析发现，他们对有氧呼吸第二阶段、有氧呼吸能量变化、无氧呼吸类别、细胞呼吸在农业生产中的应用等知识的掌握较为薄弱。4 名学生面对面坐，每名学生一台平板电脑和一副耳机。

设计意图：智能分组的依据是学生在"知识图谱·智适应学习系统"中学习产生的大数据，分组结果可以更加精准，组内学生对于实体概念既有一定共性，又能够相互互补。这有利于课堂教学中组内成员解决情境任务时的交流与讨论，能够促进每一个学生的提高。

2. 情景导入，激发兴趣

教师为每组学生提供一个生态瓶，如图 5-8 所示，结合初中所学生态系统的概念，引导学生观察生态瓶中有哪些类别的生物，引导学生探究下列问题：

（1）生态瓶中有哪些类别的生物？（2）生态瓶中放置植物的作用是什么？具体过程是什么？（3）生态瓶中放置的鱼和螺等的能量来源是什么？能量是如何进行供给的？

学生认真观察生态瓶中的生物类别，围绕教师提出的问题进行组内讨论，交流问题的答案并记录无法解决的问题。

设计意图：生态瓶的制作是学生在初中时的学习内容，学生根据教材内容制作过，但是对生态瓶能够长期保持稳定的分子机制并不清楚。通过原有的学习内容引发学生探究，并提供生态瓶实物，可以大大激发学生的学习兴趣。

图 5-8　生态瓶

3. 系统学习，在解决问题的过程中使概念结构化

教师引导学生独立思考上述问题并进行组内讨论，针对解决问题过程中遇到的薄弱概念，学生可以利用平板电脑中的智适应学习系统进行学习，系统中已经根据每个学生课前的学习数据个性化推送了学习资源。学生可以选择遇到的薄弱概念进行自主学习，在自我补救学习、交流讨论中解决问题。在此过程中，教师可以通过师生互动的方式，有针对性地选择学生回答问题。例如，学习光反应过程时，提问对光反应实体概念掌握较为薄弱的学生，了解其认知过程，并进行有针对性的纠正。将光合作用和细胞呼吸的概念进行结构化处理，形成相对完整的概念结构图，如图 5-9 所示。

学生围绕上述问题，利用智适应学习系统学习其中推送的学习资源，包括知识、微课和习题。每个小组选出代表回答问题，并相互补充完善，建构概念结构图。

设计意图：智适应学习系统可以根据每个学生的学习状况推送个性化的学习资源，为学生解决问题提供支持系统。在解决问题的过程中引导学生将细胞代谢的概念进行结构化处理，不仅可以加强学生对细胞概念的理解和应用，还能培养学生的结构功能和物质能量观，提升学生的科学思维能力和科学探究能力。选择学生回答问题，主要是了解对概念掌握薄弱的学生经过学习是否有所提升。如果没有弥补，可以获知学生没有弥补的原因，进而有针对性地进行讲解和教学。

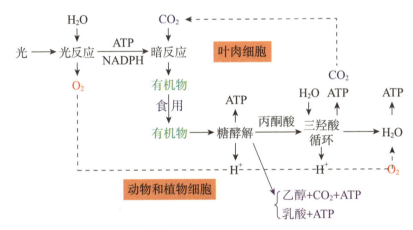

图 5-9　细胞代谢结构图

4. 讨论交流，概念迁移，素养提升

细胞代谢的概念结构化后，教师引导学生利用结构化概念解决以下问题：（1）为了使生态瓶能够长时间维持稳态，在设计植物、鱼、环境等时需要考虑哪些因素？（2）如果地球也是一个"生态瓶"，要维持地球生态系统的长期稳态，我们可以做什么？这2个问题均具有较大的开放性，能够鼓励学生的发散性思维，培养学生解决问题的能力。可以提问对概念掌握较好的学生。

学生围绕生态瓶，利用结构化的细胞代谢概念，提出长时间保持稳态的考虑因素，如光照强度、光照时间、植物和鱼的比例、微生物种类、水的 pH

等,并解释考虑因素的原因。在此基础上迁移到地球生态系统长期稳态的考虑因素,让学生能够认识到保护生态环境、垃圾分类、节能减排等措施的重要性。

设计意图:通过问题解决建构细胞代谢概念的结构,此环节引导学生利用结构化的概念迁移解决维持地球生态环境的做法,不仅能培养学生的科学思维能力,而且能促使学生承担社会责任、养成健康环保的生活方式。

5. 总结评价,推送个性化作业

引导学生对建构的概念进行总结,并通过自我评价和他人评价的方式进行学习过程的评价。总结评价后,引导学生利用平板电脑完成个性化作业。智适应学习系统根据学生的学习状况推送个性化作业,每个学生推送 10 道作业试题,其中前 2 道试题是班级学生共同的,后面 8 道试题是根据每一个学生的学习状况个性化推送的。学生完成后,教师进行评价。

学生进行 10 道问题的解答,解答后系统会自动给出得分率和错误试题的参考答案,以及错误试题相关的学习资源,然后学生再进行智适应的学习,进而落实试题概念,提升素养。

设计意图:每个学生的学习状况不同,最近发展区也不同,智适应学习系统根据学生的智适应学习情况和课堂自主学习过程,为每一个学生设计了个性化的作业。这使得每个学生的作业均不同,提高了作业的精准性,可以大大提高每个学生的学习效率。

三、教学反思

对于如何将智能系统融入课堂教学,很多教师和学者都在探索、实践。与传统课堂教学相比,一方面智适应学习系统解决了学生对简单概念的学习,课堂上留给学生更多的时间去建构复杂的概念、对概念进行结构化处理、解决生活情境中的问题、培育核心素养等;另一方面,智适应学习系统为教师教学和学生个性化学习提供了数据支持,让教师的备课更加精准,平衡了群体学习与个体学习之间的关系,使课堂教学更加高效。

　　教师利用高中生物学智适应学习系统进行课堂教学，通过"学生进行常态化的自适应学习→基于知识图谱的人工智能分组→推送个性化学习资源→独立思考与小组合作解决生态瓶相关的问题→细胞代谢概念的结构化处理→推送个性化作业"完成了学生对细胞代谢的二次学习，取得了较好的教学效果。学生大量的时间都在自主学习和解决问题，教师仅是引导者、评价者，大大提高了学生的学习兴趣。尤其是在维持地球生态系统长期稳态的学习过程中，学生提出了很多预设外的答案，如从 pH 对光合作用的影响出发提出减少酸雨的措施。此节课是智能系统融入课堂教学的一次实践，根据后期评价，课堂完成了教学目标，取得了较好的教学效果。

第二节　系统支持的翻转式教学

一、翻转式教学的实施流程

　　翻转式教学的基本表征是"知识传授环节在课前，而知识的内化过程在课上"。课前的知识传授赋予了学生更多的自由，让他们可以选择适合自己的方式来接受新知识和进行知识内化，在课内便于学生之间、学生和教师之间有更多的交流和沟通。翻转课堂的核心思想是个性化的知识自主学习和交互环境下的知识内化，这对变革教学具有普遍意义。

　　翻转课堂提倡"以学生为中心，以教师为主导"，既要发挥教师启发、引导、监控教学过程的主导作用，又要充分体现学生作为学习主体的主动性、积极性与创造性。但在传统翻转课堂的实践中也存在一些常见问题，如用于知识传授的课前微视频等教育教学素材的系统性和适用性不足、课前学生的学习状况无法统计等。

　　而基于"知识图谱·智适应学习系统"的翻转式课堂学习形态在克服这些问题的同时还有着突出的优势，其流程如图 5-10 所示。

| 课前推送讲义（微课、试题等） | ⇒ | 智适应系统的数据分析 | ⇒ | 课中探究和问题解决 | ⇒ | 课后智适应系统推送个性化作业 |

图 5-10　基于"知识图谱·智适应学习系统"的翻转课堂教学流程

（一）课前推送智能讲义

课前教师利用"知识图谱·智适应学习系统"推送智能讲义，内容为与本课相关的知识点，每个知识点均有对应的三种资源形式：文字、图片、微视频。每个微视频时长 3 分钟左右，按照"情景任务→任务解决"的形式呈现，帮助学生完成概念建构。

"知识图谱·智适应学习系统"中的教学资源均为细小的颗粒化资源。所谓教学资源的颗粒化是指资源短小精悍，聚焦一个颗粒化的知识点，抓住学生的注意力。这些知识来自学科知识体系，但不是细碎而松散的，它们是基于知识图谱技术提炼、抽取、组合形成的，可结构化地表示知识和知识之间存在的前后承继关系。知识结构图谱化后，当学生搜索某个知识点时，虽然看起来很微观，但打开以后是一个宏观的世界，从一个点就能打开一个知识面，甚至是一个知识空间。

（二）智适应系统的数据分析

课前完成知识推送后，教师可以利用平台的"AI 智能分析"获取相关数据，并由此调整预设的教学目标。课上知识内化环节的设计与推进是基于数据驱动的。

来自"知识图谱·智适应学习系统"的数据具备可视化的特征。学生在系统中学习的时间越长、学习内容越多，数据的规模就会不断增长。数据的可视化技术使得数据直观可视，仅仅查看数据的视觉报告就可以很容易地识别数据的趋势和关系。

（三）课中探究和问题解决

由加利福尼亚大学伯克利分校的马西娅·林教授团队提出的"知识整合"，是一种从认知角度去看待"学习"的视角，它将"知识"视为一些观点的集合。

该视角认为，学生头脑中的各种观点，尤其是在正式学习前，其头脑中原有的观点是不容忽视的，当教师将教学的起点定义在"学习者原有观点"的时候，教学往往是最有效的。①

互联网时代人们对教师的要求越来越高、越来越苛刻，教师不仅要能运用各种技术手段和工具展开教学，把数字化模式思维运用到日常教学中，还要当学生的向导，以学生为中心展开教学。

在基于"知识图谱·智适应学习系统"的翻转课堂的课中环节，教师侧重培养学生的高阶思维和能力。这种新型的翻转课堂更加符合学生的认知规律，将较低级的认知目标放在课前由学生独立完成，高级的与形成素养相关的目标放在课中由教师辅助完成。打通课前与课中环节，有利于学生更好地发展高阶思维并形成核心素养。例如，在"细胞的无氧呼吸与呼吸作用原理的应用"一课中，教师聚焦学生未能清晰掌握的重难点知识展开任务驱动，通过设计问题链来组织课堂教学，课堂中加入启发性和引导性议题，用问题链驱动学生，有效地促使学生将知识内化成自己的经验和解释。

（四）课后智适应系统推送个性化作业

在"知识图谱·智适应学习系统"中，数据分析不仅能充分地为教师的"以学定教"提供帮助，还能在课后继续为学生服务，提供及时反馈。学习系统可以针对学生的投入，提供智能和及时的反馈，从而促进学生的互动和表现。

通过课后的习题推送，教师可了解班级学生掌握相关知识的变化情况。而具体到每一个学生，机器会诊断每一位学生的不同学习水平并匹配有关的层级知识，以同伴的身份促进学习者的个性发展。不同学生达到不同目的需要的支撑或走过的路径是不一样的，对于什么情景、什么时机、什么路径下提供独特的帮助，大数据是一个核心的支持。可以推送课堂重点的微视频，可以进一步巩固难点问题的练习。依托 AI 推送个性化作业，可以确保学生的学习成效及翻转课堂中的互动成效。

---

① 董玉琦，包正委，刘向永，等 . CTCL：教育技术研究的新范式（2）——从"媒体应用""课程整合"到"学习技术"［J］. 远程教育杂志 . 2013，33（2）：3–12.

二、翻转式课堂教学案例——细胞的无氧呼吸与呼吸作用原理的应用

（一）教材分析与设计思路

本节教学内容属于高中生物学必修 1《分子与细胞》中的一般概念"细胞呼吸可将有机物中的能量释放并转化"，这个概念的有效掌握将促进学生掌握重要概念"生命过程需要能量驱动，能量以物质为载体"，并服务于对大概念"细胞的生存需要能量与营养物质"的理解。此节课是利用"知识图谱·智适应学习系统"进行新课教学"细胞无氧呼吸与细胞呼吸的应用"的课堂教学实践。

本课采用基于知识图谱的翻转课堂教学策略，将教学目标重心翻转，同时教学目标的顺序也翻转。学生在课前通过自主学习掌握相关的知识点，基本达到对无氧呼吸概念的记忆，而课中着重培养学生的高阶思维和能力的发展。例如：本课着眼于学生掌握科学探究的思路和方法，提升科学思维能力；培养学生的归纳和概括能力，帮助学生领悟物质变化与能量变化相关联的生命观念；应用细胞呼吸原理指导解决生活实际问题及生活相关原理的分析。

翻转课堂教学目标顺序的翻转更加符合学生的认知规律，将低级的认知目标放在课前由学生独立完成，高级的认知目标放在课中由教师辅助完成，方便学生更好地发展高阶思维并形成核心素养。

（二）教学过程

1. 课前推送智能讲义

课前利用"知识图谱·智适应学习系统"推送智能讲义，包括与本课"细胞的无氧呼吸与呼吸作用原理的应用"相关的 7 个知识点，每个知识点均有对应的三种资源形式：文字、图片、微视频，如图 5-11 所示。每个微视频时长 2 分钟左右，按照"情景任务→任务解决"的形式呈现，帮助学生进行概念建构。

2. 智适应系统的数据分析

基于"知识图谱·智适应学习系统"的翻转式课堂学习形态最突出的优势是智能的数据分析。利用智适应学习系统，可方便地生成教师的备课数据，记

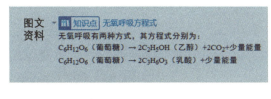

图文资料　知识点　无氧呼吸方程式

无氧呼吸有两种方式，其方程式分别为：

$$C_6H_{12}O_6（葡萄糖）\rightarrow 2C_2H_5OH（乙醇）+2CO_2+少量能量$$
$$C_6H_{12}O_6（葡萄糖）\rightarrow 2C_3H_6O_3（乳酸）+少量能量$$

无氧呼吸方程式

图 5-11　课前推送讲义的三种资源形式：文字、图片、微视频

录教师的选题和组卷信息，进行资源选择与信息推送；还可以生成学生对前序知识的掌握情况、对本课的预习情况、课后习题表现等信息。教师可以运用大数据分析技术进行学生数字画像，从而清晰地看到学生的特点，做到精准的学情分析，并根据学情分析调整、制定适切的教学目标，开展有效的教学活动。

（1）精准的学情分析

教师备课时很重要的环节是"备学生"。在现代信息技术广泛使用的今天，各项教育行为数据可采集、可分析，基于数据的汇聚，教师可以实时了解学生，为学生构建数字画像，使其成为因材施教的重要基础。

"精准分析学情"是智能备课的核心环节。在教师推送课前讲义相关资源时，每个知识点推送什么形式的资源？推送的数量如何界定？

基于知识图谱的智适应学习系统为学生提供自主学习的场景，教师可以引导学生常态化学习章节或单元内容，智适应学习系统可以据此产生每个知识的数据以及学生的学习路径。通过这种常态的智适应学习，在课前教师可以了解学生对无氧呼吸相关前序知识的掌握情况，如图 5-12 所示。

知识图谱驱动的教学智能化改造

● 细胞的物质组成

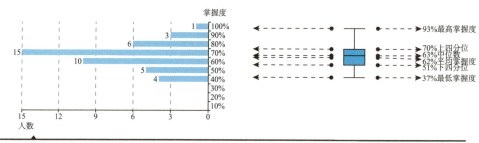

区间学生名单（30%~40%）

● 细胞质

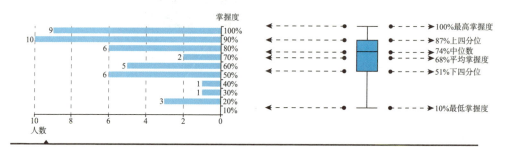

图 5-12　学生关于"细胞的无氧呼吸"相关前序知识的掌握情况

由图 5-12 可以看出，对于"细胞的物质组成"多数学生掌握情况较好。而学生对"细胞质"等知识的掌握度有较大差异，部分学生掌握情况并不理想，这将影响学生对细胞无氧呼吸的场所和能量释放的理解。根据数据分析，教师在课前推送资源时，特别注重与细胞呼吸的场所和反应过程相关的视频资源，因为视频资料比图文资料更丰富、更直观。

基于上述分析，教师推送了相关的智能讲义。学生课前学习教师推送的与本课相关的知识点后，AI 可继续进行智能分析，据此教师可以了解全班范围内关于本课知识的总体初步掌握程度，如图 5-13 所示；教师还可以了解班级学生对知识点的掌握情况，如图 5-14 所示。

由图 5-13 可见，学生对无氧呼吸的掌握情况不均衡，存在较大的个体差异，总体水平中等偏上。图 5-14 显示，学生总体掌握最好的知识点是"无氧呼吸的场所"，总体的薄弱环节是"无氧呼吸的方程式"和"无氧呼吸的能量变

— 136 —

化"。这说明学生对无氧呼吸的过程存在知其然而不知其所以然的问题。同样，"探究酵母菌的细胞呼吸方式"掌握度总体不高，"细胞呼吸在农业生产中的应用"掌握度也不够理想。

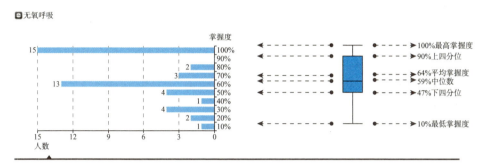

图 5-13　学生对无氧呼吸内容的掌握程度

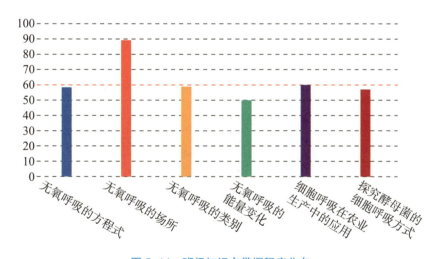

图 5-14　班级知识点掌握程度分布

在课前自测中，较为集中的错题也从侧面反映出学生对细胞呼吸的原理在实际生活中的应用和分析还较为薄弱，如图 5-15 所示。

练习 练7

下列关于细胞呼吸原理的应用，描误的是（　）

Ⓐ 制作酸奶时，应先通气后密封，有利于乳酸菌的发酵　　Ⓑ 瓜果保鲜适宜在低温、低氧等条件下进行

Ⓒ 提倡有氧慢跑是为了防止无氧呼吸产生大量乳酸　　Ⓓ 家庭播种前浸种可以提高种子的含水量，促进呼吸作用

▸ | 45人已提交，29人正确，正确率64%

▸ | 解

练习 练8

下列关于细胞呼吸的叙述，正确的是（　）

Ⓐ 用透气的纱布包扎伤口可避免组织细胞缺氧死亡　　Ⓑ 香蕉在无O₂、干燥、低温的环境中贮藏

Ⓒ 树根长期浸水进行无氧呼吸产生酒精而变黑腐烂　　Ⓓ 细胞呼吸过程中可将化学能转变为热能和ATP

▸ | 45人已提交，31人正确，正确率69%

▸ | 解

图 5-15　课前自测错误率高的题目

　　除了全班整体的数据分析外，教师还可以通过数据分析注意到课前掌握得不够理想的学生，如图 5-16 所示，进而平衡群体学习与个性化学习之间的关系。如教师可以有意识地在课堂小组交流时更多地参与这些学生所在小组的讨论，帮助他们掌握相关内容，可以在课堂上有意识地提问了解其是否通过课堂学习实现了知识的内化。

图 5-16　课前知识点掌握程度低于 60% 的学生的学号

　　这些分析为教师精准地设计课堂教学目标提供了有效的依据。精准教学主张"学习者最清楚"的原则，即学生的行为能够比其他任何途径更好地反映教学的有效性。智能备课利用信息技术的支持，可帮助教师精准地对学生及其学习过程有清楚的认识和理解。通过学生的数字画像和班级认知模型的构建，可进行学生认知起点的诊断，在此基础上备课并展开教学可以促进学生认知精准发展。

（2）帮助教师制定适切的教学目标

基于知识图谱的智适应学习系统可赋能教师，使备课得以个性化定制。利用智适应学习系统，可方便地生成教师的备课数据，记录教师的选题和组卷信息，进行资源选择与信息推送；还可以生成学生对前序知识的掌握情况、对本课预习的情况、课后习题表现等信息。教师可以运用大数据分析技术绘制学生的数字画像，清晰地看到学生的特点，做到精准的学情分析，并根据学情分析调整、制定适切的教学目标，开展有效的教学活动。智适应学习系统可以让备课真正进入大数据化、电子化、智能化和个性化。

智能备课包括制定适切的教学目标（两轮修订）、精准分析学情、选取教学方法，具体见表 5-1。

表 5-1 智能备课的思路和内容

项目	内容	目的
制定适切的教学目标（第一轮）	根据已知的学生情况及教师经验，依据教学目标推送资源	围绕教学目标选择相应的教学资源，学生初步学习与本课相关的一些概念
精准分析学情	精准分析学生对相关概念的前序概念的掌握程度；精准分析学生通过课前学习对本课相关概念的掌握程度	初步勾勒学生的数字画像，初步建立班级学习模型，为调整、制定适切的教学目标服务
制定适切的教学目标（第二轮）	基于精准的学情分析，以学科核心素养和自主学习能力为导向，重构教学目标	通过数据分析高效完成以学定教，以学生为中心进行教学
选取合适的教学方法	准备相应的教学方法及策略	引导学生在课堂上完成知识内化，培养其学科核心素养

例如，本课的教学目标（第一轮）为：（1）能概述无氧呼吸的场所、反应物、生成物、能量释放情况；（2）能阐述有氧呼吸与无氧呼吸的异同点；（3）能应用细胞呼吸的原理指导生活实际问题的解决。

根据教学目标，教师可以利用"知识图谱·智适应学习系统"推送课前讲义，讲义中包含与本课教学目标适配的教学资源，具体有相关概念的微视频和导学资料。经过第一轮备课，基于大数据对学生掌握度的分析，能够有效提升

备课的精准度，教师可以依据精准的学情分析制定适切的教学目标。例如，本课的教学目标中可删减原目标"能概述无氧呼吸的场所、反应物、生成物、能量释放情况"，更改"能阐述有氧呼吸与无氧呼吸的异同点"，对原目标"能应用细胞呼吸的原理指导生活实际问题的解决"进行扩充。

因此，本课的教学目标调整为：（1）通过探究酵母菌不同条件下产生 CO_2 的情况，掌握科学探究的思路和方法，发展科学思维；（2）通过表格的形式，以小组为单位厘清有氧呼吸与无氧呼吸过程的异同，培养归纳和概括的能力，领悟物质变化与能量变化相关联的生命观念；（3）应用细胞呼吸原理指导生活实际问题的解决，认同细胞呼吸在生命活动中至关重要，培养相应的社会责任感。

3. 课堂探究和问题解决

经调整后的教学目标聚焦学生未能理解的问题，着重关注学生完成基础知识意义建构后未能很好掌握的重难点，相应的教学方法、教学策略的选择也以此为依据。本课的课堂中心环节包括三个需要互动交流和讨论的任务。

任务一：请以小组为单位设计表格比较无氧呼吸与有氧呼吸有哪些异同点（以葡萄糖分解为例进行比较）。

任务二：判断以下说法是否正确并说明理由：（1）降低温度、保持无氧，同时保持干燥，有利于果蔬的储藏保鲜；（2）根据水稻的特性，长期在水田里有利于它的生长；（3）包扎伤口时应选择透气的消毒纱布或创可贴；（4）提倡慢跑等有氧运动的原因之一是为避免肌肉酸胀乏力。

课堂中加入启发性和引导性议题，用问题链驱动学生，可有效地促使学生将知识内化成自己的经验和解释。

任务三：请解释发酵机设置不同条件的原因。当家用发酵机用于制作甜酒酿发酵时（酵母菌），并不用完全密封，有时候盖子上还留有一个排气孔，这是为什么？而该机器如果用于发酵酸奶时，却必须加满牛奶，同时排气孔封闭，这是为什么？

这种任务可引导学生基于知识进行实际问题的解决，促进学生将知识内化成自己的经验与解释。教师在交流讨论中对学生进行指导，帮助其正确理解、巩固并运用所学知识。

4. 课后智能适应推送个性化作业

课后可利用"知识图谱·智适应学习系统"推送个性化作业，每个学生推送共同的作业试题 10 题，根据每一个学生的答题情况，包括解题时间及正确率等信息，系统将针对错误试题提供相关的学习资源，再进行智适应的学习，进而落实试题概念，提升素养。然后再次发配 4 题不同的作业，学生完成个性化的作业，以提升对相关概念的掌握程度。

三、教学反思

本课是基于"知识图谱·智适应学习系统"的翻转式课堂学习形态，通过学习系统的 AI 智能分析，教师可明确学生在课前学习中对与本课内容相关的前序知识点掌握较好，基本达成对相关知识点的识记和初步理解，但是学生对于概念间的联系及其在情境中的应用存在不足，且不同学生的掌握水平不均衡。由此，教师可以在课堂中聚焦关键概念间的联系与应用，提升学生的科学思维能力，同时特别关注课堂掌握较弱的学生，平衡群体共性化与个体个性化之间的关系。课堂上学生讨论热烈、积极，教学效果较好，对相关知识点的掌握良好，如图 5-17 所示。

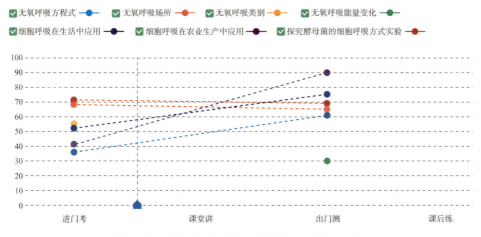

图 5-17　课程前后知识点的班级平均掌握度对比

第三节　数据驱动的主题论证教学

主题论证教学是当前教学改革倡导的教学形态，传统的主题论证教学多是依靠教师的教学经验与对学生的了解程度进行分组和教学，会产生一些误差。智适应学习系统融入课堂的主题论证教学，以学生学习数据为驱动，以学生个性化学习为依托，大大提升了主题论证教学的效率。

一、主题论证教学新范式

主题论证教学是指教师和学生根据教材特点自定学习主题，自行组织活动，自我评价教学结果的活动方式。在教学活动中，教师主持教学活动，学生通过网络、多媒体等多层次多角度展示交流。[①] 因此，主题论证教学指的是学生围绕一个主题进行自由展示交流，通过这样的活动培养表达能力、自主学习能力等综合能力。将"知识图谱·智适应学习系统"加入这一教学模式，可以提高主题论证教学的有效性，更有利于教师进行因材施教。将智适应学习系统与学生自主的、合作的活动有机结合，可以实现学生的个性化学习。学生通过智适应学习系统自主掌握学科知识，教师根据学生学习数据进行智能分组，调动学生的合作学习。最后学生以小组为单位汇报自主及合作学习的成果，教师以此更好地掌握学生的学习效果，此过程即"主题论证"学习。

基于"知识图谱·智适应学习系统"的主题论证教学流程如图 5-18 所示。首先，教师给学生布置一个论证主题（与学生所学知识模板相关），根据这个论证主题在智适应学习系统上设置与学生相关的知识任务；然后，通过学生完成相关

---

① 彭正梅，伍绍杨，付晓洁，等．如何提升课堂的思维品质：迈向论证式教学 [J]．开放教育研究，2020，26（4）：45-58.

知识任务的达成情况对学生进行智能分组，分组后小组成员围绕论证主题完成自主学习；最后，每组生成学习成果，各小组汇报学习成果，进行主题论证。

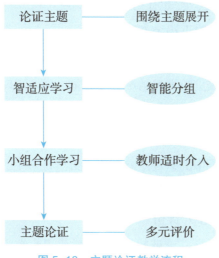

图 5–18 主题论证教学流程

（一）聚焦论证主题

布置论证主题时，要结合学生的学情特点，将发生的热点事件或学生似懂非懂的生活常见事情与学生所学知识联系起来，并将其转化成学生在自主合作学习中亲身参与的体验。学生终将进入职业生涯，他们将来一定会面临解决实际问题的情况，在教学中为他们创设与生活问题贴近的情境，提前练习，更有利于培养学生终身受益的技能。

当论证主题聚焦在与学生息息相关的事件中时，才更能激发学生的兴趣，使学生更积极地投入到论证主题的实践中，最终实现培养学生的学科核心素养。

（二）智适应学习和智能分组

明确论证主题后，为了使个人学习体验与合作学习体验更加个性化，需要通过"知识图谱·智适应学习系统"来实现。学生根据自己的情况个性化地掌握知识点，并且能够将各个知识点联系起来，通过完成任务的过程将其运用到实践中。

常规教学一般按学号或自然组进行分组，这样的分组通常对学生的学情掌

握不到位, 会导致教学效果欠佳。利用学生在 "知识图谱·智适应学习系统" 中学习产生的数据进行分组, 可以充分掌握学生学情, 能够有效提高学生教学生的效率, 使优等生发挥长处, 也让后进生进步更快。

（三）教师引导下的小组合作学习

教师通过 "知识图谱·智适应学习系统" 中的数据进行智能分组, 让分组更加科学且稳定; 小组成员的学习情况各不相同, 可以实现帮扶学困; 最后的主题论证, 既能培养学生的合作能力, 又能培养学生的语言表达能力。整个自主学习及合作学习的过程中, 学生主动地学, 教师适当给予帮助和鼓励, 能够大大提高学生在这一过程中的兴趣及参与度。虽然是学生的自主学习, 但也会遇到困惑, 因此教师适时的介入能够有效提高学生的学习效果。

（四）主题论证和多元评价

各小组进行主题论证。论证的方式是, 学生以小组为单位, 选派代表借助PPT 汇报小组成果, 然后其他组的学生进行提问和评价, 教师在其中起到主持者、引导者和评价者的作用。在此过程中, 教师要创设宽松的课堂环境, 引导学生充分表达。评价方式多样, 可以是组内自我评价、学生互评、组间学生评价和教师评价等。

二、主题论证式课堂教学案例——生物工程在应对新冠疫情中的应用

（一）教材分析与设计思路

本模块的内容来自沪科版生物学高中选择性必修 3《生物技术与工程》。生物工程包括发酵工程、细胞工程、基因工程和酶工程。生物学知识是生物工程的设计基础, 生物工程以人类需求为目标进行产品的开发, 进而推动生物学的不断进步, 提高人类生活质量。这些看似理论的东西, 在现代社会背景下能够帮助我们解决很多问题, 如通过发酵工程和基因工程大量生产胰岛素以满足糖尿病患者的需求、细胞工程帮助抗癌药物的开发、干细胞的应用解决器官移植等问题。本课的教学对象是高二将参加生物等级考的学生, 他们已完成生物

工程新授课，已经掌握四种生物工程的原理和过程。生物工程与现代生物前沿科学联系密切，学生缺乏实际应用场景，对生物工程的应用较为陌生。但是高二学生已初步具备探究能力以及合作学习能力，因此本节课利用新冠疫情中疫苗研制的紧迫性背景，引导学生开展合作学习，探究新冠疫苗研制的技术路线。让学生体验自主学习和科学探究的过程，从而培养学生的科学探究、科学思维等核心素养。

本节课以新冠疫苗的研制为主线创设情境，学生以小组为单位进行合作学习，探究新冠疫苗研制的技术路线，充分培养学生的科学思维和科学探究能力。利用高木学习 APP 完成汇报工作，及时反馈学生对知识的掌握情况，以构建本节课的知识框架。生物工程在当今应用广泛，通过任务的完成，结合主题论证，充分培养学生的综合能力。

（二）教学目标

1. 基于智适应学习系统自主学习，发展自主学习能力。

2. 探究新冠疫苗研制的技术路线，提升科学探究与科学思维能力。

3. 通过小组合作学习和主题论证，提升小组合作能力，关注生物技术以人类需求为目标进行产品的开发可提高人类生活质量。

（三）教学过程

1. 明确论证主题

生物工程能帮助人们解决许多生活难题，如运用生物工程能够研制出新冠疫苗来应对疫情，从而让人们过上正常的生活。新冠疫情与学生的生活息息相关，生物工程对于学生来说仅停留在理论阶段，通过理论联系实际，可以使学生学以致用。因此，将利用生物工程来应对新冠疫情作为论证主题，能让学生更积极地投入到主题论证中，在探索的过程中培养学生的生物学科核心素养。

2. 智适应学习和智能分组

基于以上学情分析及主题的确定，借助"知识图谱·智适应学习系统"，首先让学生自主学习生物工程相关知识，然后智适应学习系统根据学生对知识掌握程度的不同，为每位学生推送不同的题目，以满足个性化学习。学生通过智适应学习系统掌握生物工程的知识并将其相互关联后，才能有利于小组合作学

习的开展。

为了使小组合作学习的效果更好，通过学生教学生的方式提高学生的学习效率。教师摒弃传统的随机分组方式，在智适应平台为学生设置"进门考"，通过对学生"进门考"数据的分析，将对生物工程掌握程度不一样的学生分到一组，以实现学生教学生。

通过"进门考"成绩的数据分析，每道题的平均正确率为72%，优秀率为37.8%，不及格率为21.6%（如图5-19和图5-20所示）。根据学情对学生进行分组，每个小组的成员包含"进门考"中各个分数段的学生，以实现学生教学生，共同探讨"利用生物工程应对新冠疫情的技术路线"，帮助学生巩固生物工程的知识，并学以致用。

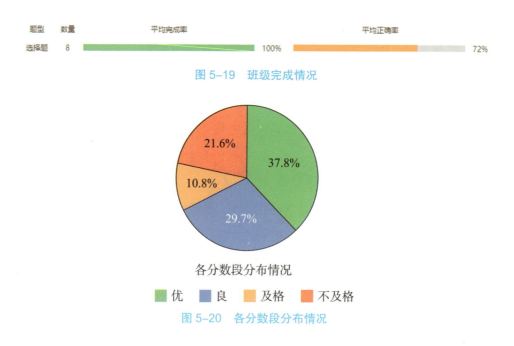

图 5-19　班级完成情况

各分数段分布情况

图 5-20　各分数段分布情况

3. 教师引导下的小组合作学习

教师通过"知识图谱·智适应学习系统"掌握学情。在辅导工作中更加关注知识掌握较弱的学生的学习情况，多给予他们指导，尤其是对各个知识点背后的原理分析，帮助他们在小组讨论中有理可依、有据可循地提出自己的观点。

同时，指导掌握较好的学生充当"老师"，让他们在自身掌握好的前提下调动本组成员充分讨论。学生在掌握教材中相关生物工程（如基因工程、细胞工程）基本原理和过程的基础上，结合所查阅到的网络资料构建出应对新冠疫情的大致技术，后期经过 2—3 次讨论将技术过程完善，在小组中提出问题并自我解答。

小组自主学习过程需要为主题论证做准备，小组派代表在主题论证环节利用 PPT 为同学展示小组课题成果。

4. 主题论证和多元评价

各小组在教师的指导下前期开展深入的小组合作学习，在课堂上进行主题论证，其他同学对论证内容提出疑问，汇报组其他成员可随时答疑。除了提问外，小组之间还可以对论证内容进行评价。各小组利用基因工程、细胞工程、发酵工程等生物工程技术来应对新冠疫情，分别设计了应对新冠疫情的单克隆抗体、核酸疫苗、蛋白疫苗和腺病毒重组疫苗。

学生对不同技术路线的产品提出的疑问有："针对新冠病毒的单克隆抗体有什么作用？""注射蛋白疫苗如何获得足够量的记忆细胞？""蛋白疫苗组和核酸疫苗组都用了工程菌，什么是工程菌？""使用的原始腺病毒没有毒性，但重组后会不会有毒性？"……在小组成员展示过程中，本组成员对其他组成员提出的问题进行答疑，绝大多数问题都能回答出来，回答不出来的问题由教师引导。在整场论证活动中，充分展示了学生的学习成果和学习热情。

论证结束后，教师在课堂上对学生之间生成的评价进行分析，并对学生的表现给出教师的评价。从学生的提问可以看出，通过这次学习，学生对四种生物工程的应用有了更深入的思考和理解。

三、教学反思

通过小课题的探究培养学生的科学探究能力和科学思维，让学生尝试合作学习，落实科学知识以及生命观念、科学探究和科学思维的核心素养。为进一步了解学生对知识的掌握情况，课后在"知识图谱·智适应学习系统"中发

布针对性作业，学生在课后完成。从课后作业的数据中可以看出，优秀率变成60%，不及格率依然存在，但仅有11%，约为进门考时的一半。这说明通过合作学习，以学生教学生的方式，学生提升得更快。

智适应学习是基于大数据和人工智能诞生的，信息技术为教师工作带来很多便利且提高了教学的效率。如何让智适应学习更好地融合到日常教学中，是值得深思的问题。

本次任务运用了"知识图谱·智适应学习系统"，在课堂上帮助教师掌握学生的学情，课后进一步评价学生的变化，很好地服务了教学。但是，由于教学内容的限制，在课堂中无法即时反馈学生的情况，希望在接下来的实践中能够实现"课前—课堂—课后"的评价。在日常教学中加入智适应学习系统，可以让教师减少基础知识教学的时间，将更多时间用于提高学生的能力。

四、展望

（一）大数据掌握学生学情

教育心理学认为同一年龄层有不同的能力水平，这就决定了同一个班级的学生学情也不同，教师仅通过日常接触并不能深入了解学生在学习上的真实差异。因此，借助智适应学习系统，学生在答题过程中留下的数据经人工智能的分析，可以让教师很快了解每个学生的学情，精准地掌握班级的整体情况，从而有利于教师后续的因材施教。

（二）因材施教实现个性化学习

通过智适应学习系统了解学生个人和班级整体的学情后，教师就可以根据不同的学生给予个性化的学习辅导。个性化的学习可以通过教师来实现，也可以借助学生教学生的方式来实现。与传统的班级统一授课相比，这种方式能够照顾到所有学生，使教学效率大大提升。学生教学生，可以站在学生的角度去思考，被辅导的学生也更容易理解。

（三）打破传统教学方式，为学生提供更有趣的学习

主题论证的学习打破了传统教学模式，利用小课题的形式充分调动起学生

的学习兴趣。结合知识图谱，能够为学生提供更有力的学习保障。教师利用"知识图谱·智适应学习系统"展示的学生学情，更有利于开发学生感兴趣的任务。主题论证新范式可以把课堂归还给学生，让学生成为课堂的主导者，培养学生成为主动学习者。

（四）高效的小组合作学习

传统的小组合作学习，分组是一大难题，通过"知识图谱·智适应学习系统"产生的数据，能够掌握学生个性化的学习情况，智能地科学分组，有助于提高学习效率，做到帮扶学困。创设的生活情境有利于学生快速投入，根据所学知识大胆假设、设计方案，培养学生的探究能力。

第四节　基于智能系统的沙龙式教学

一、沙龙式教学的实施流程

沙龙式教学重点关注两大群体，即资优生与后进生。在以往常规的教学模式下，面对这两类学生时往往需要教师依靠自身的经验先对学生的优势或不足进行诊断，并提供相对应的资源与课后答疑。与此同时，教师还要在该过程中对学生进行学法指导，或鞭策或鼓励，以自身的人格魅力打动学生，提供积极的情感支持。然而，不能保证教师的每一次诊断都是准确的，以及每一次提供的资源都是合适的。在教师的成长发展过程中，这些技能也是从无到有的。在个性化教学过程中教师的工作可能是存在交集的。例如：准备哪些试题对学生进行诊断？发现问题后提供哪些资源给学生？如何判定学生学习后的掌握情况？若能将教师从这部分机械、重复的工作中解放出来，将让教师有更多的时间和精力去发展自己个性化的优势，给学生提供更多积极的情感激励，提高指导学生的有效性。因此，基于智能系统的沙龙式课堂教学新范式应运而生，其实施流程如图 5-21 所示。

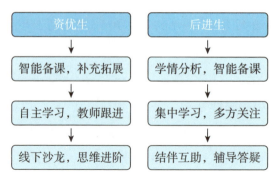

图 5-21　沙龙式课堂教学新范式的流程

对于资优生而言，智能系统内已有的资源学习完成后，还需要教师利用系统中的自建讲义功能发放补充资源。这里既可以提供补充材料，也可以配上相应的拓展习题用于评估补充材料的学习情况。传统的沙龙前的自主学习，教师在布置任务后了解学生完成情况与完成进度的途径有限，不能指导学生合理规划时间完成学习。通过智能系统，教师可以随时掌握学生目前的自主学习进度并提供相应的指导，以确保在正式线下沙龙活动开始前学生已经对补充材料的内容进行了充分的学习，也已基本解决了一些简单的问题。这对于线下沙龙式集中精力攻克综合性问题大有帮助。到线下沙龙阶段，教师就可以根据学生在自主学习阶段产生的各项数据进行互补分组，促进学生的讨论，也可以根据数据发现学生存在的共性学习困难，从而给予精确且高效的指导。

对于后进生而言，要先基本了解每位学生差异化的薄弱环节，再进行补充提高。利用智能系统的已有资源库，可以对学生对各板块知识的掌握情况进行测评，做一次精准的学情分析，再根据每位学生不同的弱项板块有针对性地设计学习任务，进行智能备课。在传统教学模式下，这需要教师提前准备试卷，再阅卷做数据分析，可能耗费了很多时间和精力后也尚不能达到十分精准的学情分析效果，运用智能系统在这个环节可以实现减负增效。在布置有针对性的学习任务后，后进生进入自主学习阶段。后进生的自主学习动力往往会稍显薄弱，传统模式下的监管就是要不断地"人盯人"，这既增加了教师的负担也会增加学生的抵触情绪。在智能系统的参与下，学生能看到其他同学的完成情况，在有需要时教师也可以将完成情况的数据及时反馈给班主任或家长，实现多方关注的合力，促进学生的自主学习。在后续的沙龙互动中，教师可以利用这一阶段的学习数据，基于优势互补对学生进行分组，帮助学生建立学习伙伴，让学生在互相答疑讨论中巩固自己的知识，变输入为输出，使知识内化，同时逐渐找回学习的自信心与成就感。

二、沙龙式教学案例——分子与细胞

本案例基于已经开发完成的高中生物学必修 1《分子与细胞》模块的知识内容展开，分别对资优生和后进生的使用情况进行介绍。

（一）对资优生进行个性化辅导的实践案例

1. 学情分析与设计思路

2020 年 1 月，教育部开始推行"强基计划"：选拔培养有志于服务国家重大战略需求且综合素质优秀或基础学科拔尖的学生。文件中指出，要突出基础学科的支撑引领作用，重点在数学、物理、化学、生物及历史、哲学、古文字学等相关专业招生。[①] 生物学科位列其中，这也对基础教育阶段的高中生物学教学提出了新问题和新要求：这部分精英人才该如何培养？

上海市教科院普教所原所长傅禄建撰文向高中提出建议：设计新的学科遴选方式，优化以往的社会数学、物理学校培养方式，相对集中地对部分学科特长生因材施教。这与中学阶段严格按照国家课程标准执行党的教育方针这一全局发展不矛盾、不冲突，与"强基计划"的对接只是点上的探索，这一步需要高中学校勇敢迈出。[②]

北京师范大学中国教育政策研究院张志勇等也提出要进一步强化衔接教育，促进高中教育与大学人才培养体系的有机贯通。在高中教育阶段要全面加强对高中生的理想信念教育、生涯规划教育和创新教育，同时要重视培养学生

---

① 教育部关于在部分高校开展基础学科招生改革试点工作的意见，教学〔2020〕1 号。
② 傅禄建．"破局"对接 基础教育主动衔接强基计划的思考［J］．上海教育，2020（33）：65.

的好奇心和学科兴趣。[①] 然而，如果学生被海量的习题和枯燥的机械训练压得喘不过气，教师也在繁重的重复劳动中日复一日，又如何能开展创新教育去保护学生的好奇心呢？这甚至可能导致学生原有的学科兴趣被磨平。因此，迫切需要一股力量将师生从这一困境中解脱出来，只有这样才有可能实现更高层次的教育目标。

上海市曹杨第二中学近年来开展了较多理科资优生的培养实践与研究。学校以"五大学科奥赛"为主要载体，兼顾科创大赛与"英才计划"课题孵化，在课程标准要求的基础上，对学有余力、学有志趣的少部分资优生进行个性化培养。笔者团队主要以生物学奥赛为载体，开展生物学资优生的早期发现与个性化培养工作，虽收获了少量果实但也走了不少弯路。

生物学奥赛的考查范围较大，除了高中生物学课程标准中要求的内容外，还涉及较多大学本科生物学的专业知识。从一开始就是对学生学科兴趣的"试金石"，只有对生物学感兴趣的学生才会愿意提前开始涉猎这部分"硬骨头"，这也是学生好奇心的直接体现。同时，在学习过程中，由于知识内容量大、综合性强等特点，学生学习能力的差异也被直接体现出来并放大呈现。但是，教育不应只是"筛子"留下"金子"，更应有"点石成金"的魄力和追求。我们的目标也不是将每一位学生都培养成施一公院士这样的"大牛"，而是在保护学生的兴趣和志向的同时帮助他们努力触及自己的能力"天花板"。

由于生物学奥赛所需的知识体系首先建立在高中生物学课程标准的基础上，因此学生需要完整修读必修与选择性必修中的内容后再做相应拓展。笔者团队在刚开始对资优生进行个性化辅导的过程中，就遇到是否要提前教完这部分内容的纠结与矛盾。起初也尝试过不进行超前学习，只进行同步课堂教学的相应拓展，但在实践中发现存在较大困难，主要原因是专业知识的综合性和覆盖面更大。例如，学完"细胞器"后对"线粒体"进行拓展教学，就会遇到线粒体的内共生起源假说需要以生物进化为前置知识点，线粒体缺陷导致的细胞质

---

① 张志勇，杨玉春."强基计划"是对教育生态系统变革的深刻引领[J].中国教育学刊，2021（1）：39-42.

遗传病需要以人类遗传病为前置知识点，而这两个前置知识点都在必修 2《遗传与进化》中。此时，学生还未学习过，导致大部分拓展内容无法落实。

资优生不等同于天才儿童，尤其在生物学资优生的界定上。生物学资优生的界定在学界还尚未有共识，但至少肯定不需要像数学资优生那样对逻辑计算能力有超高要求。结合目前"强基计划"对人才选拔与培养的标准和目标，我们理解的生物学资优应是能够通过"雕琢"达到"强基计划"选拔标准、具有浓厚生物学兴趣并愿意投身基础科学研究、吃得起苦、耐得住寂寞的少数学生。虽然他们拥有相比同龄人更强的自主学习能力和学习主动性，但这并不意味着他们能够做到拿起一本生物学教材通读一遍，在没有任何辅助的情况下就掌握所有要点。初期，资优生们在完成必修内容上就耗费了大量的时间和精力，教师与学生都走了一些弯路，短期的高负担不利于维持并培养兴趣，不是很高的学习效率也会让学生产生自我怀疑：自己是不是这块料？这也导致学生更进一步拓展学习的空间被压缩。

生物学资优生不能满足于对他们而言进度较慢的课堂节奏，这些内容"吃不饱"，他们的好奇心得不到满足，盲目地"胡吃海塞"更是不负责任的做法，他们亟须位于"最近发展区"范围内的适量加餐。笔者团队在上海市曹杨第二中学 2020 级高一学生中试点应用"基于知识图谱的高中生物学智适应学习系统"，并将其作为生物学资优生的选拔与培养工具。

2. 教学设计与过程

此处不再重复讲述进行"备、讲、练、评"这四大环节的功能细节，而是着重讨论如何基于以上四个环节开展资优生的个性化培养。

学期初，笔者团队为 2020 级高一所有学生按其行政班开设了每人一个的独立账号，介绍了智适应学习系统的基本功能与使用说明，鼓励学生在课余时间利用系统内的"AI Tutor"模块进行已学内容的复习巩固或未学内容的提前预习，并告知学生这将成为资优生选拔的参考依据之一。一至两个月后，参考系统内学生留下的过程性数据，如累计学习时长、习题正确率等，结合近期校内的单元练习或阶段性测试情况，选定资优生预选名单，并将这部分账号从原班级中提取出来单独编班。

（1）智能备课

系统内已存在的、预先设计好的资源，如知识点讲解视频、文字讲解内容、习题等基本可以满足学生的大部分基础需求，即对课程标准规定的内容实现全覆盖。这部分内容对高效落实生物学的重要概念帮助很大，但对学生的高阶思维和真实问题解决能力的发展贡献有限。不能指望短期内靠 AI 解决所有问题，其定位在本质上还是教师的助手，数据处理与关系运算能力等方面是它的优势，但在培育科学思维、树立社会责任感、提供情感激励等方面还远不及人类教师。

教师需要探索如何与"AI Tutor"协同工作，实现优势互补，创建"1 + 1 > 2"的学生导师新范式。在对资优生进行个性化培养的过程中，教师的重点工作是通过"备"自建讲义，补充适合学生但系统内没有的资源（如图 5-22 至 5-24 所示）。

系统内主要是客观题，如选择题、判断题和少量答案较为封闭的填空题，因此如需评价学生的高阶思维与真实问题解决能力，需由教师通过自建"作业"（如图 5-25 所示）发布主观题，供学生完成，并在"练"中批改学生作业。

图 5-22　新建空白讲义

图 5-23　在讲义中添加自定义"补充讲义"

图 5-24　在补充讲义中添加知识、叙述、视频、例题、习题

图 5-25　布置原创题作业

（2）学生自主学习

学生收到教师布置的自主学习任务后，进入自主学习期。在这一阶段，"AI Tutor"开始分担原先需由教师完成的如分发、收集、批改作业并汇总学生作答数据的工作。教师可定期关注"AI Tutor"提供的数据报表，实时跟进学生的学习情况，发现状况时及时解决。

在学生自主学习阶段，教师与"AI Tutor"展开深度合作。教师对学生即时性问题的解决成效也会迅速反映在进一步练习后的数据上。如果有人认为这一阶段教师就可以放松休息，完全放手让"AI Tutor"去"教"学生，就大错特错了。通过学习状态图既能看出学生是否学了，又能看出学生学得如何，如图5-26所示。如果学生没有学习行为的发生，教师须出面与学生沟通，了解学习行为未发生的原因，提出解决对策及方案。如果学生学得很努力，但正确率未提高，教师须关注是不是学习方法出现问题，又或者是急于求成而忽略了反思环节，在未解决问题的情况下就再次开始了习题训练，导致训练量大但正确率不高。学生在初次使用的过程中，时不时会出现"脱轨"现象，教师须及时进行"纠偏"。

（3）个性化辅导与答疑

学生每完成一个阶段（1—2周）的自主学习后，教师可组织一次线下讨论会。在线下讨论会上主要进行如下几类活动。

① 共性难点问题集中答疑。以"蛋白质的结构"这一知识点为例，学生在进行自主学习期间，即使通过视频学习、习题训练等环节，仍然无法提高对这一知识点的掌握度，如图 5-27 所示。这说明本知识点对学生而言存在较大的自学障碍。此时就需教师介入，针对学生的问题进行深入讲解。

图 5-26 学生 A 的学习状态图

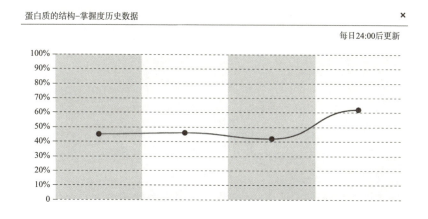

图 5-27 "蛋白质的结构"掌握度变化情况

② 关注高阶思维发展的深度学习。"AI Tutor"的特长是对知识点进行训练，对于主要靠识记即可掌握的知识点，学生非常适合用它进行自学，且效果很好（如图 5-28 和 5-29 所示）。但它不擅长对学生进行高阶思维训练。高阶思维的发展以及深度学习的发生，通常需要置于真实问题情景下，在交互中实现。这里既包括教师设计的阶梯式问题串，也包括学生合作时产生的灵感启发。

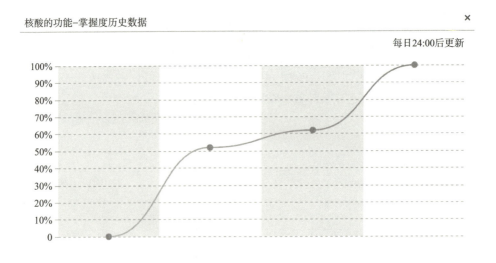

- DNA的组成　直接考察：14次　掌握度：100%　历史数据
- RNA的组成　直接考察：12次　掌握度：100%　历史数据
- 核酸的功能　直接考察：11次　掌握度：100%　历史数据

图 5-28 "核酸"最终掌握度

核酸的功能-掌握度历史数据

每日24:00后更新

图 5-29 "核酸的功能"掌握度变化情况

③ 个别问题答疑讨论。有少部分学生出现的问题可能是个性化的，有时可能就是"一个弯转不过来"。针对这部分问题，教师可以视情况选择亲自答疑或指派一名（或几名）对该知识点掌握情况较好的学生进行答疑。选择后一种

方法具有几大好处：一是增进学生间的同伴交流互助，对构建良好学风有促进作用，且同伴间的"话语体系"相通，也没有"代沟"，学生更易于理解和接受；二是可以通过"讲"促进知识的进一步巩固和内化，对于"讲"的人也有帮助；三是教师可以参与该过程，检测"讲"的人自身是否完全掌握了这部分知识，在讲的过程中如出现错误教师可以及时纠正。

（二）对后进生进行个性化辅导的实践案例

1. 学情分析与设计思路

自上海启动新高考改革方案，实行"3+3"高考计分模式以来，地理与生命科学两门科目由于可以在高二参加等级考而备受学生"青睐"，选科人数逐年递增并保持在较高位，几乎成了大多数学生的必选科目，很多学生至少会选择其中一门以适当减轻高三的学习负担。这也带来了新的问题，在过去"3+1"的时代，选考生命科学的学生中对生物学感兴趣的比例较高，且由于高考计分科目少，高三时的学习精力相对集中。但在"3+3"时代，有一部分学生选考生命科学并非因为对学科感兴趣或将来要报考相关专业。笔者团队曾对某班级做过一个调查，询问学生若生命科学也只能在高三参加等级考，是否还会继续选考生命科学。结果有约 25% 的学生出现了动摇。当然，该比例在不同群体中会有所差异。

不可否认，被"赶鸭子上架"而选考生命科学的现象是客观存在的，其中一部分学生在高一学习生命科学时抱着得过且过的态度，对基础知识的掌握不够扎实，存在较多漏洞，对一些重要概念的理解仅浮于表面，有的只是简单记住，并未真正理解内化。到了高二，在选科组合的现实状况面前，又不得不"咬咬牙"选上生命科学。但高一时"三天打鱼，两天晒网"的学习过程，让他们在高二一开始就已处于"负债"状态，成了生物学后进生。

然而，这部分学生其他科目的成绩可能并"不赖"，也并不一定存在较大的学习能力或习惯问题。他们只是在高一阶段不够重视，遗漏太多。由于这类遗漏属于"随机性遗漏"，每位后进生出现的知识漏洞可能是完全不相交的，因此给教师的个性化辅导带来了较大难题。教师课堂外的工作量显著增加，长此以往会影响教师工作的幸福感，加重教师的职业倦怠。笔者团队在上海市曹杨第

二中学 2019 级高二部分生物学后进生中试点应用基于知识图谱的高中生物学智适应学习系统,为这部分学生还上高一时欠下的"债务",也因此收获了一位得力的智能"小助手"。

2. 教学设计与过程

在对后进生进行个性化辅导时,用到的许多方法、技巧和思路与资优生培养相近,对于这部分重复内容此处不再赘述,重点介绍两者不同的部分。

(1)智能备课

由于后进生的知识漏洞各不相同,因此需要先通过诊断确认每个人的漏洞和盲区在哪里,再进行有针对性的训练和补缺。通过"备"中的"新建/发布作业"—"智能组卷",先制作一套难度中等、知识点全覆盖的作业,用来检测学生目前的基础情况。以 A 学生为例,其不同板块间的知识掌握度差异较大,几乎不像是同一学生的数据报表(如图 5-30 和 5-31 所示)。

▼ 第2节 细胞器——系统内的分工合作　　直接考察:72次　　掌握度:46%

- 内质网　直接考察:8次　掌握度:33%　历史数据
- 核糖体　直接考察:9次　掌握度:32%　历史数据
- 高尔基体　直接考察:12次　掌握度:32%　历史数据
- 液泡　直接考察:5次　掌握度:72%　历史数据
- 叶绿体　直接考察:8次　掌握度:52%　历史数据
- 线粒体　直接考察:5次　掌握度:34%　历史数据
- 中心体　直接考察:5次　掌握度:34%　历史数据
- 溶酶体　直接考察:7次　掌握度:54%　历史数据
- 分泌蛋白的合成和运输　直接考察:3次　掌握度:64%　历史数据
- 细胞的生物膜系统　直接考察:7次　掌握度:75%　历史数据

图 5-30 "细胞器"掌握度

▼ 第1节 降低化学反应活化能的酶　直接考察：20次　掌握度：86%

  ▼ 一 酶的作用和本质　直接考察：13次　掌握度：100%

    ● 酶的作用和本质　直接考察：13次　掌握度：100% 历史数据

    ● 比较过氧化氢在不同条件下的分解实验 历史数据

    ● 关于酶本质的探索实验 历史数据

  ▼ 二 酶的特性　直接考察：7次　掌握度：82%

    ● 酶具有高效性　直接考察：2次　掌握度：100% 历史数据

    ● 酶具有专一性　直接考察：4次　掌握度：47% 历史数据

    ● pH对酶活性的影响　直接考察：1次　掌握度：100% 历史数据

图 5-31　"酶"掌握度

（2）学生自主学习

在自主学习环节，后进生往往比资优生会遇到更多的困难，如学习积极性不足、学习热情维持时间不够等，需要教师更高频次的关注和鼓励。

对于这部分学生，迷茫和不知所措是较为普遍的现象。教师布置给他们的任务应尽可能明确且具体，在时间安排上的自由度一般不能过大，否则就会出现"拖延症患者"，直到最后一两天才开始完成大部分内容，导致效果欠佳。在每位学生完成基础情况测评后，教师及时与学生就测评结果进行面对面沟通，确认没有做对的题是否真的存在问题，或是偶然失误，确认做对的题是否真的没有问题，或是仍有不足，并以此为依据与学生一起制定自主学习任务。要保证学生对自己的学习任务的认可度，这样才能确保学生的完成度和积极性。

在这一阶段，教师也可以寻求多方力量的合作支持，如班主任和学生家长。教师可定期将学生的数据报表与班主任和家长进行共享。智适应学习系统后期也可以开发家长端，直接由"AI Tutor"将学生数据推送给家长，进一步减轻教师的工作量。

（3）个性化辅导与答疑

完成一个阶段的自主学习后，教师可主要对学生的成果进行肯定与鼓励。

同时，鼓励学生群体组建学习共同体，教师为学习共同体的组建提供数据支持，如学生 A 的"细胞膜"掌握度很好，但"细胞器"掌握度一般，可以通过"AI Tutor"提供的数据为其找出潜在的互补学伴。

学生通过自主学习补上的多为识记型漏洞，但很多问题光记住是没有用的，需要理解并应用。教师在个性化辅导时，已经不用再进行"背或默"的检验与强化，可把重心放在提出一个（或一串）真实问题让学生来分析或解释。下面简单列举几个效果较好的问题情景。

① 基于"崇明老白酒"的制作流程（由教师提供），请指出其中用到的与细胞呼吸有关的原理，并进行解释。

② 在饲养崇明清水蟹时，投放的饲料以玉米和小麦等植物性食物为主，那么其蟹膏和蟹黄是如何形成的？请描述或画出崇明清水蟹摄入饲料后形成蟹膏和蟹黄的过程。

③ "崇明面拖蟹"是用面粉和崇明清水蟹混合翻炒后做成的一道崇明特色菜。请描述或画出人在食用"崇明面拖蟹"后其中的各类营养物质在体内的代谢过程。

④ 糖尿病、脂肪肝患者能否吃"崇明面拖蟹"这道菜？为什么？如果实在挡不住这道菜的诱惑，那么最好选择吃螃蟹的哪个部位？为什么？

教师既可以通过"作业"功能将这些主观题布置给学生，学生通过系统作答提交，也可以采用面对面交流的形式。这两种形式各有优劣，教师可依据对不同学生性格的了解选取不同的方案。如较为内向的学生若采用面对面问答的形式可能会加剧其紧张，影响作答效果。因此，可提前通过系统布置作答，再通过面对面交流的形式对其作答情况进行辅导。

三、教学反思

从短期效果来看，资优生比往届同期生花了更短的时间周期完成了高中生物学必修 1《分子与细胞》内容的学习，并且在知识达成度上也表现优异。学生也普遍乐于接受这种新形式带来的便利与即时的正反馈调节所带来的学习成就感，且已经在期待必修 2《遗传与进化》内容的上线（当时还未上线）。后进生借助系统完成了对必修 1 内容的"补救性"学习，慢慢找回了自信，跟上了大部队的步伐。在此过程中，也并非如预期想象中投入了比其他人多几倍的时间与精力，但"打的补丁"与"一次成型"之间总还有差距。类似"火烧眉毛了才想到补救"的做法不值得提倡，但教育就是应该不放弃每一个学生。

学生在使用智适应学习系统时会留下大量的学习过程数据，这些数据在一定程度上能较为全面地反映学生的学习能力与习惯，若能将这部分数据可视化呈现在学生的综合素质评价报告中，将提供给高校更具细节的学生画像。在以往的面试过程中，高校难以在较短时间内考查学生是否对生物学真正感兴趣以及其客观的学科知识学习能力。基于平台数据，某同学可能展现出远高于均值的首次学习后练习正确率，且学习积极性和主动性都较高，可以反映出其对生物学学科的学习兴趣与能力。此外，数据不太可能"说谎"，采集面越广，数据量越大，其造假的难度也就越大，学生也不会刻意通过大量的努力去"创造"一个生物学资优生的形象，系统中所记录数据的参考价值也更高。这使高校在认定学生是否拥有"生物学学科特长"时具备高信度的依据。

因此，当未来智适应学习系统被大面积推广使用（不仅局限于生物学学科）时，打通智适应学习系统与综合素质评价平台，实现数据互通共享，将为学生向高校展示自身特长优势提供新材料与新角度，相信高校也乐见此类基于数据的实证材料。

运用智适应学习系统辅助教学，不仅对学生而言是"减负增效"，对教师而言亦然，并且能在增效的同时给师生提供更多情感交流的机会，让课堂外的师生个性化教与学不落俗套。教师乐教、学生爱学，既不让学生感受到额外的负担，也不让教师承担更重的工作压力，对于良好师生关系的构建也大有裨益，可以显著提高师生的获得感与幸福感。

从笔者团队的感受来看，工作投入时间非但没有减少，反而有所增加，这似乎与预期的为教师减负这一特点背道而驰。但，回顾整个历程，笔者团队进行的重复性工作显著减少，而是投入更多的时间用来探索如何提高资优生的高阶思维与真实问题解决能力；用来了解后进生的知识"痛点"，促进其对知识

的理解而非死记硬背；用来增进与学生的情感交流，激励资优生、鼓励后进生。这些工作内容给教师带来了更多的幸福感与成就感，即使工作时长有所增加但仍乐此不疲。"AI Tutor"提供的数据也使笔者不再为"学生是否学了？是否学会了？"这些问题而感到焦虑。对学校管理者来说，也有了考试成绩之外的更丰富的数据来源，有利于更好地分析教与学的情况，并做出及时调整。

第五节　知识图谱驱动的作业设计与实施

作业是教师和学生熟悉的伙伴。对教师而言，备课内容包括教学设计，也包括作业设计，几乎每节课都要布置作业，课后批改作业，然后再分析、评价和反馈学生的学习成果。对学生而言，作业几乎是学习每一个知识与技能时必须完成的任务，课后做作业，到校交作业，已成为每个上学日的一道风景。

作业是一种对学生学习成果的评价，其导向是促进和深化学习。如果把学生的学习视作一个反馈控制系统，那么可以根据系统输出的信息来进行控制和调节系统，即通过比较系统行为（输出）与期望行为之间的偏差并消除偏差，以获得预期的系统性能。学生做作业是对其接收的信息进行加工并输出结果，然后经教师的评价或自我评价，再对信息的再输入和再输出施加影响，从而实现预定的学习目标的过程。[①] 在学生完成作业的基础上，对作业进行有针对性的、精细的分析与评价，可以帮助学生巩固和内化学习内容，提升学习的内在动机。

一、传统的课时作业布置与分析

一名执教同一年级的教师，通常会给全体学生布置相同的作业，但每次要批阅的作业多有不同。在批阅作业的过程中，教师不仅要接受学生的学习成果

---

① 刘辉.作业研究变革：学习导向的作业分析［J］.中小学管理，2018（7）：42-45.

信息反馈，同时要检测学生学习的疏漏之处，收集有关学生知识漏洞的数量、大小等信息，不断积累印象，从而对教与学的效果做出判断和分析。凭着最终的印象，教师会选取错误率高的题目在课堂上进行分析。那么，学生如何对待错题呢？据观察，当学生拿到作业反馈时，一般会先关注教师的评价结果，一个"优""A""很好"的评价通常会让学生喜形于色。接着，一些学生会查看错题，或与同学进行讨论，及时纠正错误；一些学生会瞅一眼同桌的答案，随手做个记录；一些学生则是等着教师在课堂上对作业进行分析，再记录正确答案；还有一些学生在教师已分析作业的前提下，也不会在自己的作业本上留下任何订正痕迹。一个班级中能够主动认真地订正作业的学生比例是不高的。

订正作业，是对个人学习疏漏之处的补充和纠正，是一个继续消化、整合、加深理解和应用知识的过程。为什么总有些学生没有订正作业的习惯呢？有学生如是说："我就是不会才做错了，我自己怎么订正？"此话不假，也就是说，有的学生能独立思考，善于质疑又好问，可以自主解决问题；而有的学生需要旁人的点拨，甚至是一对一的讲解，才能有针对性地解决问题，这种需要帮助的学生占了大多数。在全班范围对错题进行统一分析的授课形式，所达成的教学效果可能不如预设的那么理想。但是，每天面对几十个学生，教师如何做到作业分析的有针对性和精细化呢？班级中有些学生学有余力，有些学生学习较为费劲。形式和样式统一的作业对于不同层次的学生来说，针对性和实用性又有多高？这是否也影响着学生的学习兴趣？个性化作业的布置，似乎是一件操作起来很烦琐的事情。但是，当知识图谱这一有着大数据支撑的知识工程出现时，在教学过程中曾长期困扰教师的问题似乎可以迎刃而解。

二、智适应学习的作业设计策略

网络科学技术的进步，为我们提供了各种各样的学习资源，但是这些资源一般没有分类、没有序列关系，无法为学习者提供适合他们的学习服务，帮助学习者产生更有效率的学习，更不可能提供个性化服务。而知识图谱作为一种结构化的语义知识库，具有强大的结构表达能力和本体语义描述能力，在知识

表示、开放共享和精准检索等方面有着巨大的优势。生物学知识图谱的构造至少包括：（1）以生物学课程标准和权威教材作为数据源构建的生物学核心知识库，这是依托学科和计算机领域的专家构建的符合学科特点和教学规律的生物学知识分类体系；（2）基于权威教材以及教辅资料构建生物学学科知识体系的训练系统。知识图谱能够从系统上提供数据，如学生学习课程的数据、与学生或教师进行互动的数据、对课程评价的数据等，让教师可以分析学生的学科知识结构及可能出现的学习路径，适时掌握学生的学习动态和状态，并且基于知识图谱中知识间的关联性，为学生提供学习资源推送服务，实现个性化学习（如图5-32所示）。

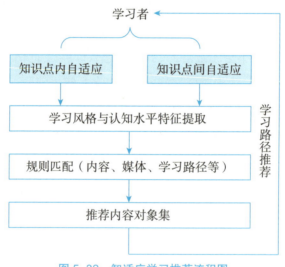

图5-32 智适应学习推荐流程图

对学生知识、技能、素养的诊断补偿可分为知识点内自适应和知识点间自适应。例如，必修1的第2个大概念"细胞的生存需要能量和营养物质，并通过分裂实现增殖"包含3个重要概念和10个次位概念，若每个次位概念中所含内容定义为一个知识点，那么细胞呼吸包含ATP、有氧呼吸、无氧呼吸等子知识，光合作用包含叶绿体、光合作用过程、影响光合作用的因素等子知识。综合细胞呼吸与光合作用等概念才能综述细胞的物质与能量代谢，建构物质与能量观等生命观念，这是在知识点间建立联系才能实现的。那么，对于学习者来说，在知识点内，是否存在一个路径，使其能以最少的训练量达到某个预先指定的熟练程度？在知识点间，假设有一个知识点集合，是否存在一个学习路径，使得学习者在学会前置知识点的前提下，必然可以沿着这个学习路径学会全部知识点？教师通过知识图谱诊断和分析出学习者的学习特征后，连接有关的学习内容知识点，并将当前所学的知识内容与随后的相关学习内容相连接，为学习者推荐相关知识点、习题、视频等资源，给学习者提供一个合适的学习路径，提高其学习效率。这相对于传统的、统一步调的课堂教学而言，是一个实质性的改进。

对学习者的特征分析和定位非常重要，这是实现智适应学习的关键。对学习者学习风格与认知水平特征的提取，包含学习者的基本状况、学习目标、学习风格、背景知识、知识状态、学习经历、学习动机等个人信息。通过前置知识的检测，获取学习者的学习风格与认知水平特征，可为实现智适应学习提供基础。学习者学习的差异性是构造智适应系统的根本原因，不然最优的教学设计会是千人一面，而不是千人千面。学习差异性可能表现为水平差异性，即对同一目标学习内容，有的学生是未掌握，有的学生是掌握；也可能表现为速度差异性，即在掌握同一目标学习内容时，有的学生能快速达成，而有的学生是慢速达到。为不同学习者推送一条适合的学习路径，提供适合的学习资源，这样更有助于学习者的消化与吸收。

三、智适应学习作业设计与分析案例

生物学知识图谱驱动的作业设计和分析可以如何进行？如何实现对知识与技能的"诊断"与"补偿"？下面以翻转课堂教学"细胞的无氧呼吸与呼吸作用原理的应用"和嵌入式教学"细胞代谢"为例进行阐述。

（一）翻转课堂教学案例——新授课教学

1. 教学主题与组织

本课的主题是"细胞的无氧呼吸与呼吸作用原理的应用"，授课对象为参加合格性考试的学生。本课的设计思路是基于"知识图谱·智适应学习系统"的翻转课堂教学。在已学习有氧呼吸的基础上，教师课前推送有关学习内容的讲义，通过智能分析，对班级学生进入课堂学习之前的学习状况先有精准的了解和分析。数据显示，班级学生对与本课内容相关的前置知识点掌握得较好，基本达成对相关知识点的识记和初步理解，但是对概念之间的联系及其在情境中的应用的掌握存在不足，同时班级中不同学生的掌握水平有不均衡现象。教师在精准分析的基础上制定了适切的教学目标，以翻转课堂。教学过程中，通过对两个核心问题的探讨和分析，帮助学生厘清有氧呼吸与无氧呼吸过程的异同，学会应用细胞呼吸原理解决生活实际问题。

2. 作业设计与分析

本课的课后作业内容设计分为Ⅰ和Ⅱ两部分。第Ⅰ部分主要是无氧呼吸的过程、无氧呼吸与有氧呼吸的比较，主要目的在于进一步巩固概念的学习和辨析。第Ⅱ部分主要是细胞呼吸原理的应用，主要目的是检测学生在各种情境之中解决问题的能力，也是反映翻转课堂后的学习效果。作业的推送有局部和整体两种方式，第Ⅰ部分作业推送给课前前置知识检测数据不理想的学生，第Ⅱ部分作业则推送给全体学生。其中，接受了第Ⅰ部分作业的学生，须完成后才能打开并完成第Ⅱ部分作业（如图5-33所示）。

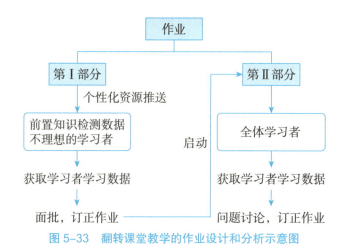

图5-33　翻转课堂教学的作业设计和分析示意图

作业的分析环节是基于第Ⅰ部分和第Ⅱ部分的不同推送分开操作的。教师首先批阅第Ⅰ部分作业，完成后及时对作业情况进行反馈，这时候可以视情形采取面批的形式。因为此时掌握知识仍不牢固的学生应是不多的，对这些学生进行面批可以更有针对性地解决学生知识的缺漏问题。第Ⅰ部分作业分析完后，再面对全体学生进行第Ⅱ部分作业的讲评。当然，若有学生的答案是比较离奇的，教师还须面对面地沟通和交流。

3. 智适应学习的优势

知识图谱的大数据特征，不仅建立了相关学习知识之间的联系，而且使得教师可以了解学生现有的知识体系，对学生在课前和课后的表现进行评估，实现因材施教。基于知识图谱，教师的备课更加精准，翻转课堂时更加有料、"有包袱"，作业的设计更加有谱，作业的分析更加有指向性。而对于学生来说，通过课堂上的翻转学习和创造性学习，再通过有针对性的作业途径迁移和应用知识，会有得心应手的成就感，同时不用完成一些机械性、重复性的作业，负担也减轻了。

对于知识掌握不牢固的学生而言，在翻转课堂的设计和实施过程中，教师已经注意到这类群体与其他学生之间的差异，因而课堂中任务的设置、问题的设计、活动的进展等环节都已围绕减小差异的目标而精心考虑和实施。在作业环节进行个性化推送和分析，可帮助学生夯实基础，建构概念。

（二）嵌入式课堂教学案例——复习课教学

1. 教学主题与组织

本课的主题是"细胞代谢"，授课对象是参加等级性考试的学生。本课的设计思路是以知识图谱驱动的情境任务开展教学活动。通过探索生态瓶制作原理的情景任务，在将光合作用、细胞呼吸等学科概念逐步结构化的过程中，达到提升学生学科核心素养的教学目标。课前基于学生在"知识图谱·智适应学习系统"中的学习情况，依据优势互补、性格互补等因素将学生进行智能分组，课堂教学中按需推送个性化学习资源。例如，前置知识检测数据显示，学生 QYC 对于"细胞呼吸"的掌握度是 42%，其中关于"有氧呼吸"的掌握度是 54%，因此给学生 QYC 推送的资源主要是关于有氧呼吸的过程、场所、方程式等的学习内容。在教学中，通过"推送个性化学习资源——学生学习资源和巩固知识——师生之间以及小组生生之间有效交互——提升对概念的认识"的过程，先弥补学

生存在的知识漏洞，然后在解决有关生态瓶的系列问题中，在师生互动的对话教学过程中，逐步解决学生知识碎片化、知识结构混乱等问题，提高学生解决复杂情境中的问题的能力。

2. 作业设计与分析

本节课的课后作业是一个形成性评价，主要由情境导向的综合题构成。作业分两次布置，第一次面向全体学生，推送 4—5 道综合题，涵盖有关光合作用和细胞呼吸中物质与能量转换的知识内容，考查学生运用相关知识解决诸如农作物增产、提高植物光合效率、改善城市绿化环境等情境问题的能力。第一次作业结果反馈后，会检测出学生综合应用能力的差异，例如有的学生是欠缺获取图表信息的能力，有的学生是对问题阐释的能力不足，有的学生可能还是无法将光合作用与细胞呼吸两大生理活动进行链接……将具有相同或类似问题的学生组成新的小组，将已牢固掌握知识的资优生分别插入各个小组，也就是说每个小组都有自己的问题标签，不设置没有学习问题的资优生小组。在进行作业分析时，各小组在资优生的带领下，共同探讨和分析本小组存在的问题，进行知识和能力的矫正，完成作业的分析和订正。此时，教师逐一参与各小组的活动，或是倾听，或是解释，或是梳理……一一解决小组存在的问题。由于教师每次只能参与一个小组的活动，所以同时段内小组中的资优生就起到了重要的作用。在分析完第一次作业后，根据学生反映出的个性化问题，按照各组的问题标签进行第二次作业内容的选择和推送，并进行反馈（如图 5-34 所示）。

3. 智适应学习的优势

嵌入式教学是一个知识复习和整合的过程。该过程重在对碎片化的知识进行整合，使之结构化，促使学生站在宏观的角度对问题进行剖析，进而提出解决问题的方法。知识图谱在信息提取时，将实体、属性、关系等进行缜密的分析处理，分析学习发生的机理以及学习过程中各类变量之间的关系，使教师能根据学生当前的认知水平，结合知识图谱的结构，生成个性化作业推送，且基于各组存在的问题进行个性化作业分析，从而使问题的解决更为彻底和有针对性，进而让每个学生正确审视自身的不足，及时弥补。教师和资优生参与小组的学习，围绕小组的突出问题进行信息的深度挖掘，阐释原理和过程，最后实现知识的认同和应用。这显然提高了师生以及生生交互的质量。此外，小组协作学习也是学生之间互相促进的过程，学生用自己的语言为同学进行解释，这对资优生而言也是一种学习和成长的过程。

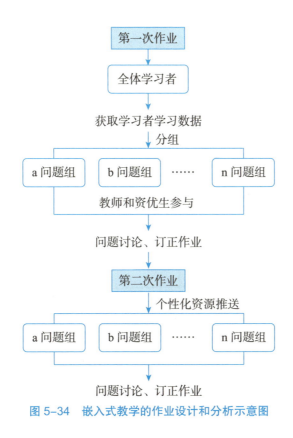

图 5-34　嵌入式教学的作业设计和分析示意图

四、利用智适应学习系统提升作业质量

在实际的学习过程中，学生做错题目的原因有多种，可能是审题不清，可能是未准确获取题干中隐含的信息，可能是对某个概念模糊，可能是表述缺乏逻辑，可能是计算出错，可能是迁移知识的能力欠缺……可能还存在教师也不知道的，或是未料到的出错原因。通常进行作业分析时，教师会根据自己的判断，将解题过程较为详细地讲解一遍，或追溯一下与此题相关的知识点。至于学生个体到底是出于何种因素做错题目，一般只有学生自己进行反思并厘清。

为了促进学生对知识的掌握，有些教师会在分析错题后再让学生做一些同类型的题目，但若是学生一直没有解决个人知识盲点，可能再多的题目也是徒然。

而通过知识图谱教师可以从学生的行为角度了解学习过程的发生机制，再基于学生学习行为数据的分析，决定教学的内容和过程，帮助学生开展适应性学习。因此，在作业设计和分析这一教学环节上，利用知识图谱进行分析、评价以及推送服务，可以使作业具有针对性、精细化，更好地提高教学效果。

从两个案例中可以看出，与翻转课堂教学匹配的是知识点内自适应，与嵌入式教学匹配的是知识点间自适应。知识点间自适应常常应用于要求控制课程进度的学习场景。知识点内自适应则更多应用于不要求控制课程进度，但有丰富题库的学习场景。除了上述两种课型的作业设计与分析外，在日常的教学过程中，教师同样可以基于知识图谱的数据分析，对学有余力的学生和学力不足的学生进行个性化资源推送和跟踪分析，以满足其能力所需的学习训练。

知识图谱以一种新的方式在教育研究方面提供了新的想法和思路。通过知识图谱解读复杂的学习行为，特别是对学习者学习的各类数据进行分析，可发现学习者的潜在问题，进而评估和优化学习。在知识图谱的驱动下，教师通过个性化作业的设计和分析反馈，可促使学生以更好的态度对待作业，并对作业中的错误进行反思。这种不断循环的反馈，可改变学生做好作业即交差的行为意识，最终形成自我监控和自我调节的学习习惯。

▶ 第六章

未来展望

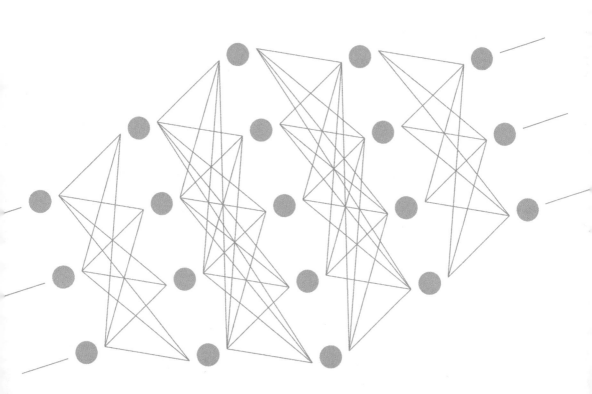

本章导读

知识图谱将促进教育人工智能在教育领域的深度应用，人工智能必将是教育变革的未来！

教育人工智能可以促进学生未来能力的获得。未来能力是为了应对未来知识经济发展需求及社会进步而对人才培养提出的要求，具体包括创造性和问题解决、信息素养、自我认识和自我调控、批判性思维、学会学习和终身学习、公民责任和社会参与等内容。未来能力要求人工智能技术不应仅局限于促进学习者学习具体的、结构良好的知识与技能，而且还要帮助学习者获得解决复杂问题、批判性思维、多人协作等高阶能力。①

教育人工智能支持全球课堂的普及。全球课堂（Global Classroom）的目标是为学生提供一种普及化的、随时随地能够访问的、学生深度参与的学习环境。在这样的学习环境中，处于任何水平的学生都能获得良好的学习体验。②人工智能技术支持下的全球课堂能够为学生提供一个云端一体、支持认知发展与相互协作的全新学习环境。③

教育人工智能将融入学生发展，为学生成才提供学习生态。在学习本章之前，请您思考：

1. 教育人工智能将为教育带来什么样的变革？

2. 未来人才培养需要什么样的教育生态？

---

① 杨东平. 发展学生核心素养 成就幸福人生［J］. 中小学校长，2017（5）：3-4.

② 闫志明，唐夏夏，秦旋，等. 教育人工智能（EAI）的内涵、关键技术与应用趋势——美国《为人工智能的未来做好准备》和《国家人工智能研发战略规划》报告解析［J］. 远程教育杂志，2017，35（1）：26-35.

③ 曹可稀. 人工智能教育应用的机遇与挑战［J］. 新课程研究（上旬刊），2018（3）：25-27+39.

第一节 教育数据治理新生态——人工智能教育大脑

在智能时代，基于人工智能的"教育大脑"即教育智能大脑，是实现教育数字化转型的关键基础设施，它将有力促进教育教学服务和教育治理的智能化转型。教育智能大脑结合了人工智能的本质和人脑的基本特征，可以从人的类脑感知神经系统、类脑中枢神经系统、类脑运动神经系统三方面建立教育大脑的生态架构。教育智能大脑有教育智能服务、精准教育评价、智能治理和教育预警等教育应用场景。教育智能大脑的构建需要关注治理和伦理等方面的问题，才能为教育数字化转型提供新的思路和路径，促进人工智能对教育的全面赋能，助力教育高质量发展。

一、教育智能大脑及其发展

"智能大脑"最早由雷·库兹韦尔（Ray Kurzweil）提出，它指借助海量数据和算法，模拟人脑的思考和判断。[①]之后在城市治理领域，有研究者提出城市大脑的概念，它指在互联网大脑架构的基础上，以云神经网络和云反射弧为建设重点，为解决城市治理难题提供全新工具。[②]在教育领域，顾小清等人以"人工智能教育大脑"为隐喻，将智能技术与教育融合，致力于解决高等教育数据治理和教学创新问题。[③]张治等人将人工智能本质和人脑特质结合，构建教育大脑生态架构，强调基于人工智能的教育大脑是实现教育数字化转型的关键基础设

---

① 何怀宏. 人物、人际与人机关系——从伦理角度看人工智能[J]. 探索与争鸣, 2018（7）：27-34+142.
② 胡坚波. 关于城市大脑未来形态的思考[J]. 人民论坛·学术前沿, 2021（9）：50-57.
③ 顾小清, 李世瑾. 人工智能教育大脑：以数据驱动教育治理与教学创新的技术框架[J]. 中国电化教育, 2021（1）：80-88.

施。① 由此可见，人工智能等新一代信息技术支撑的"教育大脑"具备规范化整合数据资源和算法模型、提高数据质量和保障隐私安全的强大能力。

人工智能的发展就是不断模拟、拓展人类智能的过程，终极目标是模拟、拓展人类大脑，如图 6-1 所示。

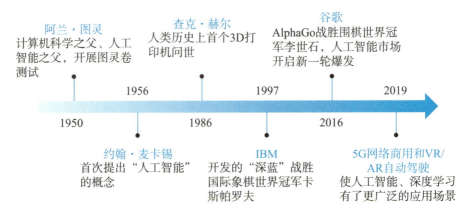

图 6-1　人工智能发展历程

1956 年，约翰·麦卡锡等科学家在美国达特茅斯学院开会研讨"如何用机器模拟人的智能"时，首次提出"人工智能"的概念。随后几十年，人工智能在模拟、延伸和扩展人类智能方面进步巨大，模拟人的"听"，形成了语音识别、机器翻译等；模拟人的"看"，形成了图像识别、文字识别等；模拟人类"说话"，形成了语音合成、自然语言合成；等等。大脑是人类最复杂的器官，代表着人类最高智慧的物质基础。20 世纪 80 年代末，美国科学家卡弗·米德（Carver Mead）首次提出类脑计算概念，希望通过研究人类大脑的工作机理，设计像人类一样思考、学习的机器人。2016 年，AlphaGo 引发人们对人工智能的关注，机器学习迅猛发展，人工智能也迈向了认知智能阶段，开始模拟人类思考，发展形成了人机对弈、定理证明等；模仿人类学习，发展形成了机器学习、知识表示等；模仿人类行动，发展形成了类人机器人、自动驾驶汽车等。雷·库兹韦尔

---

① 张治，徐冰冰 . 人工智能教育大脑的生态架构和应用场景［J］. 开放教育研究，2022，28（2）：64-72.

以智能大脑为隐喻,通过给大数据植入数学算法,模仿人脑融合机制思考、解释海量数据的机理,做出有逻辑关系的判断。[①]

近几年,智能大脑从概念逐渐走入实践。在城市治理领域,提出了"城市大脑"的概念,即通过全面采集、集成、分析和挖掘城市空间中的大量异构数据,开展全局实时数据分析,解决城市治理问题,实现公共资源的优化配置。我国多个一线城市分别在城市大脑、数字政府、智慧城市等方面开展了实践探索。在教育领域,虚拟学校将成为社会教育系统的大脑,担当资源提供者、学习引导者、管理服务者、决策支持者等角色。[②]有学者提出"人工智能教育大脑"的概念,并将其定义为海量教育数据模型、深度学习算法、高度计算力等智能化技术与算法的融合体,如同人类大脑,具备理解、交互、情感、计算、决策等强大能力,能够满足优质化的教育数据需求。[③]有学校开展了教育大脑的相关探索,提出"学校大脑"的概念,即以互联网为基础设施,建设一套完善的感知层、传输层、决策执行层(即"感、知、用"的学校大脑架构),通过对学校教育教学活动的无感沉淀,自动形成丰富、清晰、多维度的学校数据资源,形成能即时分析、诊断、预警、监测、评价、反馈,且能融管理、学习、成长支持于一体的人工智能系统。[④]

这些研究和实践驱动人工智能发展的三要素——数据、算法、算力,以大脑的概念集成。教育大脑的概念建构还应辨析三对概念。其一,人工智能与大数据。大数据是传统计算,不会根据结果采取行动,只是寻找结果。人工智能允许机器执行认知功能,做出反应,且不断改变行为,以适应新的变化并修改反应。这是数据中台与教育大脑的本质区别。其二,教育大数据与领域知识。除了数据、算法、算力,驱动人工智能的要素还包括"知识"(各行各业的领域

① 张治,徐冰冰.人工智能教育大脑的生态架构和应用场景[J].开放教育研究,2022,28(2):64-72.

② 张治.走进学校3.0时代[M].上海:上海教育出版社,2018:205.

③ 顾小清,李世瑾.人工智能教育大脑:以数据驱动教育治理与教学创新的技术框架[J].中国电化教育,2021(1):80-88.

④ 饶美红."建兰大脑"打造教育新生态[J].江苏教育,2020(90):20-21.

知识，包括知识、经验、流程）①，赋能各行各业提质增效。缺乏知识支撑的数据难以真正赋能认知。特定领域的知识图谱和认知模型算法相结合，才能真正支撑人工智能的全面赋能。其三，教育大脑与物联网大平台。大脑的核心价值是算法集成中枢，没有神经感知系统的支持，就会失去反射弧的完整性。算法和算力离不开互联网和物联网的全面感知能力和数据集聚，否则教育大脑就会丧失功能。

在数据、算法、算力三个核心要素的基础上，引入学科知识图谱的教育领域知识，教育大脑即可定义为人工智能在教育领域的仿生智能体，包括多模态数据的全面感知系统、基于知识图谱和学习者模型的多智能算法裁定类脑中枢系统、多场景应用的反馈系统三部分，如图 6-2 所示。教育大脑面向特定学科领域，表现为智适应学习系统，面向全部领域就演变为智能学习管理系统或智能导师，并在教育决策支持等方面发挥增能效应。教育大脑具备可感知、可进化、能决策、快反馈、有情感等特征。

1. 可感知

教育大脑的感知系统能全面感知教育大数据，结合多种数据感知手段，实现多模态数据融合、全域互联、智能感知，发挥数据驱动教育的最大价值。

2. 可进化

人类之所以能够进化成智慧生命创造文明，得益于人脑进化。人脑有很强的自适应与自组织能力，后天学习可进化出新功能。教育大脑也具备这种能力。人工神经网络可在学习或训练过程中改变突触权重，以适应变化，超越设计者原有的知识水平，促进教育智慧沉淀与智能进化，带动人、机、物、资源、环境协同进化。

3. 能决策

人工智能正向高阶决策智能跃迁，即从感知智能到认知智能再到决策智能由低向高地非线性演化，教育大脑将为教育管理者决策提供支持。

---

① 引自周志华在 2020 年全球人工智能和机器人峰会上的报告："数据、算法、算力"人工智能三要素，在未来要加上"知识"。

4. 快反馈

人脑是一个大规模并行与串行组合处理的网络系统,其判断、决策和处理的速度远高于串行结构的普通计算机。教育大脑中枢神经系统是类脑的人工神经网络,具有并行处理特征,相较于计算机系统,其反馈速度提升明显。

5. 有情感

教育大脑可开展算法治理,进行伦理分析,避免算法歧视。

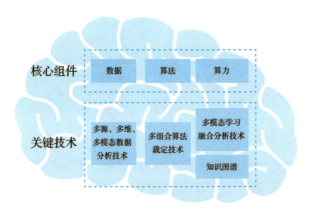

图 6-2　教育智能大脑

二、教育智能大脑的生态架构及关键技术

研究人员尝试结合人类大脑的生物结构和人工智能的典型特征构建教育大脑。人类的大脑皮层约有 100 亿个神经元,每立方毫米约有数万个神经元,它们互相联结形成神经网络,通过感觉器官和神经接收身体内外的信息,然后传递至中枢神经系统,经过对信息的分析和综合,再通过运动神经发出控制信息,以实现机体与内外环境的联系,协调全身的各种机能活动。神经元分为感觉(传入)神经元、联络(中间)神经元、运动(传出)神经元,进而形成由感受器、传入神经、神经中枢、传出神经和效应器组成的反射弧结构,能够感受信息、处理信息、支配运动。据此,未来的教育大脑架构为类脑神经感知系统、类脑中枢神经系统和类脑运动神经系统三个基本结构,分别对应人工智能"输入数据—处理数据—输出功能"的基本流程。感知系统是输入端,场景应用是输

出端,类脑中枢神经系统负责人工智能算法处理,如图 6-3 所示。

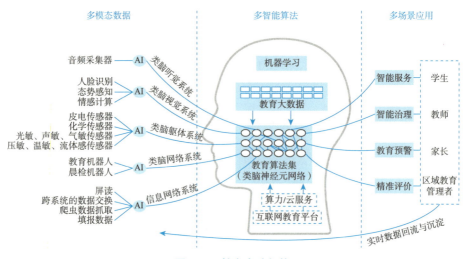

图 6-3　教育大脑架构

（一）类脑感知神经系统将融合多源、多维、多模态教育数据

人类通过眼、耳、舌、鼻、皮肤把检测到的信息源,包括光子、压力、温度等传递至大脑,进而形成感官体验。教育大脑的类脑感知神经系统如同人的感知神经网络,可获取线上线下多来源、多维度、多模态的教育数据。感知数据的"神经元"就是数据采集工具。为保证数据的深度、广度和质量,系统需要设计多样化的数据采集手段。摄像头、传感器等数据采集工具相当于人类的感受器官,负责采集数据,并将其传输至教育大脑。教育数据采集工具包括平台采集(终端采集)、物联感知、机器视觉(图像识别、视频采集)、机器听觉。

教育信息化正在从 1.0 走向 2.0,教育平台和系统越来越多,教育管理、教辅后勤、教育评价、行政办公、家校沟通等环节都配有系统和平台,存储了大量用户数据,包括学生学习的过程性数据和结果性数据。这就需要打通数据孤岛,开展数据治理。物联网数据和信息系统数据融合正成为新的趋势。智能摄像头能够采集线下教学环境中学习者交互的音视频数据、校园安全数据、学生行为轨迹数据等,边缘计算可用于自动切片关键动作,并对重要动作、危险动作进行管理,智能教室的摄像头具备自动导播功能,能自动标注课堂行为。物联网数据和信息系统数据正在融合这些教育数据,使其具备价值,并进入教育大脑的中枢系统,具体见表 6-1。

表 6-1　类脑感知神经系统的数据采集

类型	数据采集手段	数据内容
互联网数据 （终端采集）	屏读	在线人机交互产生的学习过程数据,如学习者在平台上交互留下的过程性数据和结果性数据
	跨系统共享的数据	各类信息系统、平台遗留的数据痕迹
	跨系统爬虫获取	学习者在平台发布的文本信息,如论坛、贴吧的发言帖等
	人工填报	通过问卷、量表、线下打卡等方式,采集难以获取的数据
物联网数据 （物联感知）	传感器	通过传感器和可穿戴设备采集学习者的学习、生活、生理等数据
	光学字符识别（OCR）	扫描文本资料后对图像文件进行分析处理,获取文字及版面信息
	音视频采集器	学习者交互的音视频数据、学生行为轨迹数据、校园安全数据等

（二）类脑中枢神经系统将集聚多智能算法的教育决策模型

中枢神经系统是人脑思维和意识活动的基础。人类通过将感知到的数据传入大脑,形成大脑反应。教育大脑的类脑中枢神经系统由多重组合的教育决策模型组成,是教育大脑运行和效能发挥的逻辑基础。人工智能赋能教育,本质上是数据驱动的算法应用。就教育大脑支撑的大规模因材施教而言,算法模型主要有三类。

第一,构建学科知识图谱,积淀教育领域知识与规律。2012 年,谷歌公司为提高语义搜索功能,提出了知识图谱的概念,目的是减轻用户收集、总结和归纳的压力,通过知识图谱迅速、快捷地查询主题的脉络。知识图谱是将应用数学、图形学、信息可视化技术、信息科学等学科的理论和方法,与计量学引文分析等方法结合,用可视化的图谱形象地展示学科的核心结构、发展历史、前沿领域以及整体知识架构的多学科融合的研究方法。知识图谱不仅能够帮助学生建立完整的知识体系,明确学习目标,提高学习效率,而且有助于教师迅速发现学生学习的薄弱环节,进行有针对性的答疑,从而有效提升教学质量。

第二，构建学习者模型（如图6-4所示），了解学习者的学习特征、学习状态和所需的帮助。一是了解学习者的学习特征、学习风格、能力倾向，即根据学生的基本信息、多元智能测试和霍兰德职业兴趣测试，初始化学习者模型，根据预置程序性和方法类知识构建初始的知识模型，为学习者推荐研究方向和学习资源，并提供学习流程引导和支持。二是了解学生所处的学习状态，即通过主动感知学习者对文本、视频、图片等学材的操作数据和学生的社交数据，以及获取物联网技术（如传感器、摄像头等）提供的学习情境和学习者状态（如眼动跟踪、情绪感知等）等信息，感知学习者所处的情境和学习进程等。这样可以不断更新和完善学习者模型，并依赖智能推理引擎适时推送有效的学习资源（如系统预置的与方法论相关的微视频、动画、案例、文本等）和任务，辅助教师引导、激励学生完成学习任务。三是了解学生需要哪些支持。越来越多的学习者行为和结果数据被实时记录，不仅为学习管理、服务和评估提供了客观依据，还能基于智能技术进行数据挖掘，实现学习者模型、程序性和方法类知识模型、个性化教学策略模型的重构和调优，推动系统不断优化，为学习者提供更精准的自适应学习服务。

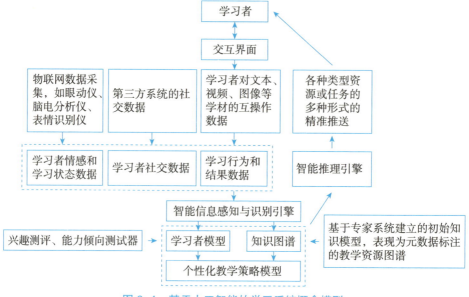

图6-4　基于人工智能的学习系统概念模型

第三，专家经验与机器学习相结合、知识图谱与学习行为数据相结合，形成教学策略模型，支撑大规模因材施教。教学策略模型是规范，也是引导。教师上岗前，大多学习了大量理论知识，如多元智能理论、认知心理学……但很少在教学中践行这些理论。花了大量时间、精力把世界上最先进的教育理论传授给教师，遗憾的是，教师还是用传统的方式教学，教育理念和实践之间的差距较大。很多教师没有真正理解这些教育理论，即使有理解的，也受限于班级环境等因素，最终难以实施。教师一般会选最简单、最容易的方式授课。教学策略模型能推动教师在课堂上将教育理论"用"起来。教学策略模型不是唯一的，模型之间可自由切换。

（三）类脑运动神经系统将驱动人工智能与教育生态协同进化

类脑运动神经是教育大脑各项功能的输出，保证人工智能支撑各类教育场景。算力指数据处理能力，是人工智能发展的三个支撑之一。人脸识别、语音识别等需要算力支持，算力的高低与人工智能的发展程度成正比，反映人工智能的成熟度和智能化程度。

在类脑运动神经系统的驱使下，各教育生态要素重组形成教育智能体，具备自我改进的功能，如图 6-5 所示。一方面，对于任何学习者，存在某种教育

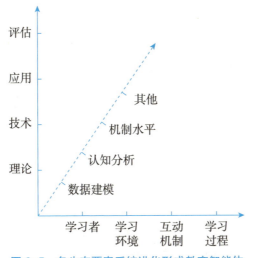

图 6-5　各生态要素系统进化形成教育智能体

源、学习环境、互动机制和学习过程，使学习者的知识结构改变达到最优；另一方面，教育资源通过在特定学习环境与学习者互动而得以改善。未来，学校是教育学、认知科学、技术和社会的混合体，伴随着教育大脑的进化而不断进化。

三、教育智能大脑的未来应用

教育大脑将富有立体感、多元化的数据汇集成教育大数据，通过智能算法挖掘出规律、关系、原理等：一是可以避免数据混乱无章、彼此相互割裂；二是采用智能算法，进行智能思考、理解与快速反应。人工智能教育大脑不仅是感知系统、中枢系统，而且更能起到末梢的作用，支撑人工智能对教育的全面赋能。在当前弱人工智能的现实背景下，教育大脑支撑的智能教学、精准评价、智能治理、智能预警等应用已初步崭露头角，将成为未来应用的方向。

（一）智能教学服务

教育大脑从学生自适应学习、教师智能备课、家校共育三方面支撑智能教学服务，如图 6-6 所示。第一，支撑学生个性化学习。同质化的大众教育体系曾给人类世界带来了不可估量的好处，但是这种同质化的大众化教育体系不仅让教育日益机械化，在本质上也抹杀了教育的创新可能。[①]教育大脑可从中枢神经系统的"记忆"中获取学习资源和学生学习数据，从而了解学生的兴趣爱好、能力倾向、学习风格，为学生推荐适合的学习资源，定制个性化学习路径，尽可能让学生花最少的时间达到理想的学习效果。个性化学习让不同的学习者具有不同的学习目标、学习路径和教学内容。[②]第二，支撑教师备课、教学和课外辅导。教师往往会基于已有的经验和认知上课，难以考虑每位学生的知识基础。人工智能教育大脑通过收集和分析学生信息，并通过统计和分析，为教师的针对性教学提供基础。人工智能教育大脑不但可以开展数据收集，还可以对海量

---

① 安东尼·塞尔登，奥拉迪梅吉·阿比多耶.第四次教育革命：人工智能如何改变教育［M］.吕晓志，译.北京：机械工业出版社，2019：39.

② Culatta R，Fairehild D.Creating a shared understanding of personalized learning for Rhode Island［R］.Rhode Island：Rhole Island Office of Innovationg，2016：1-41.

数据进行分类，总结有针对性的问题并给出相应建议。教育大脑利用教学数据，帮助教师进行判断和决定，帮助不了解学生、做不到个性化教学的教师更精确地推送资源、因材施教。第三，促进家校共育。人工智能教育大脑促使教育不局限于学校，而是面向各个系统，不仅可以对师生产生作用，同时将学校、教师、家庭融为一个系统。这有利于促进家校沟通，构建新型的教育生态环境，成为教育与社会其他系统连接的纽带。教育大脑所提供的教育是动态的、智能化的。它不但可以理解周围的环境变化，而且还可以根据环境变化做出及时的、有针对性的反馈。可以通过教育大脑构建立体化的综合教学场。

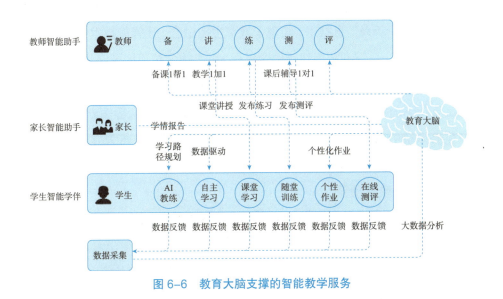

图6-6　教育大脑支撑的智能教学服务

（二）精准教育评价

人工智能技术正在为满足多种多样的教育需求发挥着不可替代的作用。教育正实现从"少数人的个性化"到"多数人的标准化"再到"多数人的个性化"的历史性跨越。学生数字画像是实现这一目标的关键技术。它由用户画像发展而来。

人工智能教育大脑通过收集数据进而总结出描述其真实特征及行为的标签。在技术支持下，学生的学习行为（如学习发展、学习特征、能力倾向、兴趣爱好、行为轨迹）和结果数据可被全方位采集，而后以自动化的方式处理，提炼

出可描述其特征和行为的标签集，最终从各维度完整地描述学生，并精准识别其学习状态，帮助教师精准指导与干预，使教学更具个性化。

（三）智能教育治理

教育治理是教育管理民主化的集中体现，是治理理论在教育领域的延伸。它是指政府、社会组织、利益群体和公民个体，通过一定的制度安排开展合作互动，共同管理教育公共事务。教育治理现代化是教育现代化的重要组成部分，是教育治理与信息化的结合。在智能环境下，传感器和定位系统的广泛部署，将数据收集触角延伸至细微时空的各个角落，实现高动态、分布式的全场景感知。[①]人工智能教育大脑打破了数据流通的壁垒，融合了互联网、大数据、5G、人工智能等新兴信息技术，实现了教育生态融合，让智能技术贯穿于教育决策形成、执行、反馈和智能纠错的全过程，可支撑学校或区域宏观教育治理，提升教育决策的科学性、精准性，有助于开展更全面、更系统的智能治理。教育大脑支持下的智能教育治理，融合政府、学校、家庭、社会等多方力量，促进教育生态系统的发展与完善，使教育管理者的思维、理念、行为方式等与现代社会高度契合。[②]

（四）智能教育预警

人工智能不仅可以支持人类决策，还可以帮助人类预测未来。人工智能可实现学生学业预警和身心健康预警。对在线学习场景中学生学习过程缺乏监督、学习主动性不高、教师的反馈和帮助不及时、学习效果不佳等问题，教育大脑可通过分析学生的学习行为数据，结合学科知识图谱，精准识别处于学习危机中的学生，提前提醒并进行干预。

此外，教育大脑的类脑感知神经系统基于学生校园学习数据、生活数据以及互联网行为数据，通过学生心理危机事件预警模型（如图6-7所示），可形成学生心理危机五级分类及具体的学生心理关爱服务和心理危机干预方案。

① Peng, Y X, et al. Cross-media analysis and reasoning: advances and drections [J].Fontiers of Information Technology & Electronic Engineering, 2017（1）：44-57.

② 储宏启.教育现代化的路径：现代教育导论[M].2版.北京：教育科学出版社，2013：46.

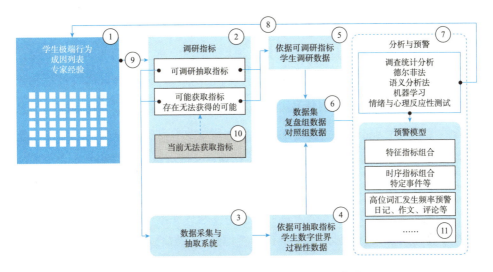

图 6-7　青少年心理健康预警数据分析模型

　　总之,人工智能教育大脑是整合新一代智能技术的类脑复杂智能教育系统,可为解决教育领域数据治理难题提供新路向,未来将进一步构建包含教育大脑结构模型、轻量级教育大脑信息模型和教育大脑的核心模块的教育智能大脑模型并实现落地应用,以进一步厘清教育大脑内部的结构、信息流转和技术关键。[①]

　　同时,开展数据治理,加快数据安全、隐私保护、伦理等相关立法。人工智能的发展离不开数据,但教育数据涉及大量学生数据,且具有特殊性、复杂性等特征。在数据开放成为国际趋势的背景下,教育行业应积极探索如何在保护数据安全、不侵犯隐私、合乎伦理的条件下,促进教育数据开放共享,让数据真正变成驱动教育变革的动力。在数据应用层面,我国应加快制定行业统一的数据标准,建立数据安全管理办法和开放共享机制,加强隐私保护;在研究层面,鼓励研究者在遵守安全、隐私、伦理的前提下,深入研究。

　　开展算法治理,推进算法健康、有序发展。算法是负责加工数据的“石油”,不仅决定机器的“智商”,更关乎人工智能发展的安全性、规范性。如果算

---

① 郭胜男,吴永和,张治.人工智能教育大脑模型构建及实践路径[J].开放教育研究,2022,28(4):22-30.

法不能纳入治理范畴，必然存在算法乱用、算法歧视等隐患。目前，人工智能等新技术教育应用的社会监管能力提升速度远落后于技术革新的速度。要保证算法和模型的良性运转，我们必须对其进行必要监管，及时进行风险评估和管理。① 2021 年，国家互联网信息办公室等九部委发布的《关于加强互联网信息服务算法综合治理的指导意见》提出，将逐步建立算法安全综合治理体系。教育领域应进一步强化互联网教育企业主体责任，推进算法监管模式创新，提高算法的可解释性。

推进社会实验，促进"人工智能＋教育"的良性发展。人工智能必须经过检验才可以用于教育实践，也必须提前考虑其进入教育可能带来的问题。这就需要在真实的教育场景中开展实验，推动人工智能技术在特定教育场景中的应用，通过科学抽样和伦理审查，建立实验组和对照组，通过观察、对比、总结，形成技术规范、标准、政策、建议，将因技术不成熟而造成的负面影响降至最低，促进人工智能技术的良性发展和教育决策的精准科学。

第二节　智慧教育资源新样态——智能型数字教材

教材是实现教育目的与教学目标的重要工具和核心资源。它的载体从纸媒到电子介质，再到基于电子介质的教学资源集成，并逐渐走向富媒体化和平台化。下一代数字教材将朝开放化、个性化、社群化和智能化方向演进，智能型数字教材应运而生。智能型数字教材系统从知识结构图谱化、资源组织系统化、学习数据可视化、学习管理智能化四个维度构建，融入学习模型、教学策略模型、学习者画像和知识图谱四个核心组件，以支撑不同学科教师和不同学习者的自适应学习服务需求，将教材的解读弱中介化，促进教育公平和学生学习效能的提升，以期引发教育教学模式和教育供给方式的大变革。

---

① 凯西·奥尼尔. 算法霸权［M］. 马青玲，译. 北京：中信出版社，2018：255.

一、智能型数字教材及其价值

20 世纪 90 年代以来，计算机技术、网络技术的发展给教材带来了革命性变化，数字教材应运而生。它集合了文本、图形、图像、动画、音频、视频等多种形态，嵌入多媒体学习资源及工具，整合了产品、平台、服务等技术支撑与服务体系。有学者称，数字教材是综合了旨在实现教育目标而数字化的学习素材与管理学习过程的信息系统。[①] 数字教材在教育教学领域，特别是在基础教育主课堂中的普及与常态应用，成为推进教育信息化改革的关键环节与核心要素之一。[②]

但是，数字教材的发展时间较短，还存在一些问题，如设计与用户体验感有待提高[③]、教材内容不能满足学习者的个性化需求[④]、内容呈现与交互方式单一、数字教材相关标准不完善[⑤]、开发机制不够完善[⑥]、缺乏"复合型"专家建设团队等，这些问题制约了数字教材的实践应用。

当下，在大数据、人工智能、区块链等新兴技术的推动下，数字传播技术有了新的、划时代的发展，学习资源的个性化、智能化、丰富性、交互性、动态性不断增强，数字教材也随之悄然发生着变化。技术赋能给教材增添新的教学场景想象力，固化的教材体系向人机交互和智能协同的方向发展，凝固的教材逐渐具备了感知、分析甚至"思考"的智能，促进了数字教材新一轮的升级。数字教材逐渐从"沉默的教师"升级为懂学习者、能互动的"认知导师"，呈现出智能化转向。媒介技术引起教材变革的过程可分为两个阶段：第一个阶段是"新瓶装旧酒"，用纸记

---

① 山内祐平. デジタル教材の教育学 [M]. 東京：東京大学出版会，2010：1.

② 胡畔，王冬青，许骏，等. 数字教材的形态特征与功能模型 [J]. 现代远程教育研究，2014（2）：93-98+106.

③ 王晓晨，郭鸿，杨孝堂，等. 面向数字一代的电子教材用户体验设计研究——以《Photoshop 图像处理》电子教材的用户体验设计为例 [J]. 电化教育研究，2014，35（4）：77-82.

④ Davy T. E-textbooks: opportunities, innovations, distractions and dilemmas [J].Serials The Journal for the Serials Community，2007，20（2）：98-102.

⑤ 龚朝花，陈桄. 电子教材：产生、发展及其研究的关键问题 [J]. 中国电化教育，2012（9）：89-94.

⑥ 李芳媛，李法敏. 论平板电脑时代的电子教材 [J]. 现代教育技术，2011，21（12）：124-126.

录语言、用印刷机复制书稿、用数字媒介收录纸质课本，新媒介"装"旧内容；第二个阶段是"新瓶装新酒"。得益于新媒介技术不断提升知识传播的速度和效率，文化垄断逐渐消融，数字教材逐渐平台化、富媒体化、智能化。同时，架构在平台上的智能型数字教材系统，能拓展认知场景和交互模式，重构学习生态和教学流程，促进教育服务供给的智能化和个性化。现在，数字教材已基本走完第一个阶段历程，在努力实现第二个阶段的突破。因此，下一代数字教材的研究尤为紧迫。融入更多智能元素的智能型数字教材系统必将成为数字教材的未来发展趋势。

智能型数字教材系统是利用智能技术开发，以提升教学成效为目的，知识内容体系化，集成了智能终端、数字化资源、教与学工具、学习社群等的组合系统，其本质是一种实现智能机器辅助教学和个性化学习的智能导学系统。它继承了传统教材的教学性、科学性、思想性、工具性等特征和属性，教学性仍然是其核心特征与本质属性。技术性是智能型数字教材区别于传统教材、数字教材的关键属性之一，具有形态丰富、智能交互、个性化推送、精准的学习支持服务等特征。智能型数字教材的核心价值主要有以下几方面。

第一，教材解读去中介化，促进教育公平。教材的解读受制于教师水平，而不同地区、不同学校，甚至不同班级的教师水平都会存在差异。即使是同一个教师，班级授课制下的"以学定教"，通常以中等水平学习者为常模，必然存在学困生"跟不上"、学优生"吃不饱"的困境。教材解读高度依赖教师，而教师资源不均衡是影响教育公平的主要矛盾。智能型教材不仅能融入最优质的、数字化的教师智慧，让教材的解读不受制于师资水平，还能嵌入学习者模型，让学习走向个性化，促进教育公平。

第二，提升教学效率，重塑教育流程。传统的学习管理主要是教师控班，教师需花大量时间维持课堂纪律、吸引学生注意力。智能型数字教材自带学习管理系统，配合趣味互动和任务驱动等功能，可以激发学生内在的学习兴趣，因人而异地管理学生的学习过程，并让教师能随时调阅每个学生的学习记录，为教师减负增效，促进教学流程的再造。

第三，丰富知识呈现形式，满足多元需求。知识以精讲视频、虚拟现实、互动游戏、动画、3D图片等多种形式呈现，更加生动形象，增加了学习趣味性，有助于激发学生的内在学习动机，满足不同学习风格学生的学习需求。

　　第四，实现泛在学习和大规模因材施教。智能型数字教材打破了学习的时空壁垒，实现人人、时时、处处可学。同时，智能型数字教材基于学习者模型设计学习路径，更有大数据和知识图谱作为支撑，可以为不同的学习者定制适合的学习服务，学习者能自主选择或接受智能推送的学习内容，有助于实现大规模因材施教。

二、智能型数字教材系统的框架及技术路径

　　智能型数字教材不是单纯的教材数字化，而是需要基于系统的完整技术服务体系才能充分实现其价值。其价值主要在于拓展教与学场景的想象力，促进人类在更高的维度重构教育范式和服务模式，在人类已有的教育智慧基础上，促进教学智能体① 的持续进化。智能型数字教材系统的设计框架如图 6-8 所示。

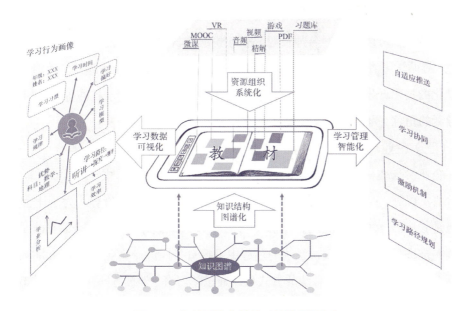

图 6-8　智能型数字教材系统的设计框架

----

① 教育智能体是处于学习环境中并可作为学习环境组成部分的虚拟角色，它通过语音、文本、肢体动作、面部表情等为学习者提供学习支持，旨在促进学习者的认知学习和情感体验。教学智能体是教育智能体的核心组成。

智能型数字教材系统实现了知识结构图谱化、资源组织系统化、学习数据可视化、学习管理智能化。智能型数字教材系统需要融入智能教学的四个核心组件：学习模型、教学策略模型、学习者数字画像和知识图谱。未来智能型数字教材系统将在以多种学习路径设计学习模型、以知识图谱实现基于人工智能的人机对话等技术方向进一步发展落地。

三、智能型数字教材系统的应用趋势

智能型数字教材系统的推进涉及设计、开发、采用和推广等，这不仅是教师、学校或教材开发者的职责，更是需要多方利益相关者参与的系统工程。

（一）多方协同联动机制

智能型数字教材的推进是一项全民教育智能化改造的基础工程。它的实现，需要利益相关者秉承互赢理念，积极参与，联手合作。知名教育专家和名校教师扮演资源贡献者、智囊团的角色，将名师资源与教材捆绑，使得偏远地区的学习者也可以享受到名师资源。企业扮演教材开发者、技术服务提供者的角色，遵循学习者为主体的原则，对智能型数字教材系统进行科学化、专业化、精准化的技术开发与实现。教育信息化专家、学科教学专家、名师等扮演研究指导者的角色，为智能型数字教材系统的设计贡献智慧。

（二）企业动力驱动机制

企业参与教材设计与开发的内在动力在于经济效益的回报、共享教材资源的价值实现等[①]；外在动力有政策驱动、教材需求方的积极评价等。为了让企业积极地投入技术开发、应用推广和学习者服务，要找到一种相对合理的方式，使其在推进智能型数字教材系统的过程中发挥自身优势。企业动力驱动的方式包括有偿和无偿两种。[②] 有偿的方式可以通过学习者、学校等购买服务来实现，

---

① 钱冬明，管珏琪，祝智庭. 数字教育资源共建共享的系统分析框架研究[J]. 电化教育研究，2013，34（7）：53-58+70.

② 祝智庭，许哲，刘名卓. 数字化教育资源建设新动向与动力机制分析[J]. 中国电化教育，2012（2）：1-5.

但是企业也应具有社会责任感，不能仅仅追求经济效益最大化。

（三）需求方购买服务补偿机制

学习者、学校等是智能型数字教材系统的需求方和使用者，可以通过有偿方式向技术服务提供者和资源贡献者支付部分成本，使得资源贡献者和技术开发者获得必要的收益，这就是需求方购买服务补偿机制。这种机制不仅可以提高企业参与的积极性，使企业提供适合学习者学习需求的服务，也能让学习者真正受益。

（四）持续迭代进化机制

智能型数字教材系统是人工制品，其设计与开发不是一蹴而就的，需要多轮的"设计—实施—改进"循环迭代，逐步完善。迭代指采用逐步改进的设计方法，把最初的设计原型付诸实施。[1] 将设计好的智能型数字教材系统应用于自然情境的教学实践，检测其应用效果，并根据实践反馈，改进人工制品的设计，直至排除所有缺陷，形成可靠而有效的设计，促进教材逐步改进与完善。

伴随教育信息化 2.0 改革走向深入，教材的进化吸引着更多的人不断探寻与思索。我们应该在理念层面，秉承以学习者为中心的教材观；在实践层面，呼吁学校、政府、企业等多方利益相关者形成合力，为学习者设计与开发适宜的、个性化的教材资源；在研究层面，亟待开展智能型数字教材系统的理论与实践研究，关注教材的进化对社会环境、学校生态等带来的变革，以更好地为学习者服务。

---

① 张文兰，刘俊生.基于设计的研究——教育技术学研究的一种新范式［J］.电化教育研究，2007（10）：13-17.

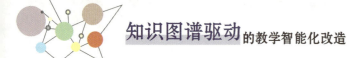

第三节　重塑教与学的新范式——智适应学习

智适应学习是自适应学习的优化升级，将推动教育从以往的"数据主义"转向"智能主义"。智适应学习系统基于智适应学习理念，以知识空间理论和贝叶斯定理作为技术层面的理论支撑，以最近发展区和掌握学习理论作为教育层面的理论依托，开创了个性化学习的新纪元。智适应学习系统具备大体量的内容、定制化的课程、多样化的算法和精准化的数据，可实现测验及学习辅导，包含"测—学—练—评—辅"的个性化学习闭环，打造更加个性化的学习环境。

当前，教育信息化发展正进入以新一代信息技术支撑突破教育改革与发展的关键阶段[①]，人工智能技术、物联网技术、5G 通信技术、区块链技术、知识图谱等正被综合应用，以提升教育综合治理能力，推动教学创新和学习方式变革。教学的智能化改造需理念先行、产业研发、组织推动、实践创新相融合，才能构建智慧教育的生态。[②]

一、从自适应到智适应

国内"智适应学习"的概念最初源于义学教育，其本质是人工智能技术支持下的自适应学习。[③]智适应学习是指运用人工智能技术检测学生现有的学习状态和知识水平，并预测其未来的学习趋势，从而智能地推荐最佳的学习内容和学习路径，以满足学生个性化学习的学习理念。而智适应学习系统是指以数据

① 雷朝滋.要为新时代国家教育改革发展提供支撑[J].中国教育网络,2018（11）：15–17.
② 兰国帅,郭倩,魏家财,等.5G+智能技术：构筑"智能+"时代的智能教育新生态系统[J].远程教育杂志,2019,37（3）：3–16.
③ 房晓楠.AI+教育：借技术手段助力"个性化教育"的实现[J].机器人产业,2018（3）：85–89.

驱动的方式智能识别学生的学习风格等个性特征，并利用知识图谱等新兴技术，深度诊断学生的学习情况，提供实时、动态、智能化和个性化的指导，以满足学生个性化需求的学习系统。[①]智适应学习系统坚持因材施教的教育理念，为学生构建个性化学习的环境，其基本特征主要体现在大体量的内容、定制化的课程、多样化的算法、精准化的数据四个方面。[②]

融合了人工智能技术的智适应学习能与学生共同进步，满足学生不同阶段的学习需求，为每个学生提供最适合的教育。智适应学习的发展与智慧教育的发展同向同行，智慧教育的发展方向也是智适应学习的发展方向。

二、智适应学习的发展趋势

（一）理论研究与实践落地并行

智适应学习需要从实践界、产业界、管理层等方面进行整体推进。理论研究需要先行，蓬勃的理论支持与实践落实的跟进，是促进智适应学习发展的根本路径。

理论研究要解决思想观念问题。当前，一些地方的学校虽然大力推进智慧校园建设，但是存在赶时髦的倾向，并未将其与学校教育生态的重构有机统一起来。智适应学习提出的以学习者为中心的发展思想、技术与教育融合创新的理念并未在教育教学和管理过程中得以体现，智适应学习所推动的差异化、个性化、精准化、智能化的教学和治理模式尚未真正落地。一线教育工作者对信息技术的应用还处于工具性应用阶段，信息技术与教育教学的深度融合依旧没有实现。所有上述问题都源于智适应学习的理念与实践割裂甚至背离，这是智适应学习高质量发展须首要解决的关键问题，也是智适应学习未来发展面临的最大挑战。

---

① 李振，周东岱，刘娜，等 . 人工智能应用背景下的教育人工智能研究［J］. 现代教育技术，2018，28（9）：19-25.

② 周琴，文欣月 . 从自适应到智适应：人工智能时代个性化学习新路径［J］. 现代教育管理，2020（9）：89-96.

（二）政策导向与产业研发并重

云服务与云应用已经成为趋势，智适应学习系统不能仅仅依靠学校完成，需要社会各方面协作推进，宏观政策导向与产业研发需要不断融合，从建设模式转变为购买服务模式，探索创新机制，智适应学习才能良性发展。智适应学习需要政策扶持，智适应学习系统的发展离不开先进技术尤其是人工智能技术的支撑。当前，人工智能教育技术还不成熟，人工智能应用于教育领域还面临一些技术瓶颈，需要着力突破。同时，由于教育场景的复杂多变，不同教育目标的可量化程度存在巨大差异，目前的人工智能技术还未能实现教育领域的综合应用。此外，跨学科智能技术研发人才的短缺，将成为人工智能教育关键技术的突破瓶颈，以及人工智能技术与教育教学深度融合的重要障碍。智适应学习的未来发展将面临政府导向和产业研发的双重挑战。

（三）区企联建与学校自建并发

以区域为单位进行智适应学习系统建设，企业建设、区域购买、学校实践应用的智适应学习发展框架正在形成。企业根据区域的需求，为区域智适应学习定制产品，基于云部署为区域学校提供服务。智适应学习的发展，离不开大数据技术的运用，大数据是智适应学习发展的基础性要素，是开展智能教育的先决条件。目前，智适应学习的发展仍然面临数据采集难度大的问题。由于教育行业、企业、部门以及网络运营商之间存在数据割裂和壁垒，由此产生的数据孤岛是制约智适应学习发展的关键因素。没有大数据就没有个性化、精准化和智能化，区企联建与学校自建从根本上解决了数据孤岛问题。当然，智适应学习的大数据管理总体上仍处于初级阶段，要实现从数据获取到数据分析、交换、共享，最终在具体的教育场景实现数据驱动的智能化应用，还有很长的路要走。

三、智适应学习落地应用的趋势

（一）个性、人本教育理念持续回归

未来的学习方式将更加多样化，主要表现在教学方式、学习工具多样化，从而将学习引向深入，深度学习随时发生。

技术的变革将引发学习方式、学习体验、学习路径等一系列变革，未来学习场景将会发生各种变化。以慕课、翻转课堂、混合式教学为代表的教学方式和学习方式，突破了时空局限性，让学生进行个性化在线学习，促进学生的自主学习与合作学习。

虚拟现实、虚拟实验、三维仿真、混合现实等新技术与学习融合，成为新型教学工具，使体验式学习、沉浸式学习等新的学习形式不断涌现，并越来越常见。以听讲、操练、记忆为主的学习方式被与新技术相结合的多元学习方式取代，更加强调探究、体验、参与、合作。

智适应学习关注全面育人，学习中更加关注学生的思维发展。以来源于生活中的真实问题作为主题的研究性学习将成为常态，学习将通过多样化的学习方式和跨学科学习整合实现知识活化，知识学习将向内隐思维的发展和实践创新迁移。

学生将会有更多的展现与互动平台。在线内容将成为最重要的知识来源，社会和人际关系环境也是重要的知识来源。学校会出现越来越多的隐性课程，这些课程发挥着独特的育人功能，但也可能对学校教育产生负面影响。因此，对于隐性课程要加强治理，充分发挥教育政策导向，引导学生参与对身心发展有益的活动。

广泛的协作学习将成为常态。智适应学习更加注重以学生为中心的自组织学习共同体。学生之间不再是竞争关系，而是相互协作的学习伙伴关系。协作学习可以联结人与人的大脑、人与机器，凝聚多人智慧，共同解决同一类问题。

（二）线上、线下学习空间融合发展

线上、线下学习必定会融合发展，互为补充，每位学生都有一所个性化学校，实体学校将成为学生个性化学校的组成部分，虚实融合无处不在。

智慧教育时代，学校的物理地点会模糊，时空概念淡化，学生可能不知道自己属于哪所学校，归属感消失，跨校、无校学习成为常态，泛在的线上服务将与就近的实体体验学习紧密结合。

虚拟学校将成为社会教育系统的大脑，担当资源提供者、学习引导者和管理服务者，绝大部分讲授内容将由虚拟学校承担。实体学校与虚拟学校配合，主要组织学生进行深度学习，开展实践、体验、创造、合作、沟通交流等。实体学校将

不再是学生受教育的唯一场所,一个个学习中心将形成。在人工智能时代、互联网时代、大数据时代,传统学校的这种形象正在被加速颠覆。未来,虚实结合的学校让学习无处不在,学校将是去中心化、去边界化、开放化和共享化的。[①]

线上学习将成为常态。线上学习与线下学习相互融合,同步发展,互为补充。学生在个性化学习中心学习,经历一个个在虚拟和现实中自然切换的学习过程,这将构成学习的新常态。学习将自然而然地在不同场景中发生,新的学习生态形成。

(三)技术、资源嵌入课程学习系统

智适应学习将在多数学科学习中普及。每门课程都有知识图谱,知识图谱显示了知识的发展进程与结构关系,用可视化技术描述知识资源及其载体,挖掘、分析、构建、绘制和显示知识及它们之间的相互联系。知识图谱能帮助机器具备一定的认知能力,使机器不断学习,让机器变得更有学识。知识图谱将嵌入学习系统,让大规模的因材施教成为可能。

技术与资源将深度融合,教育装备等硬件资源将趋向智能化,并深度嵌入学习系统。数字化、智能化、集成化、人性化将成为教育装备现代化的核心特征,教育的理念、技术、资源等深度嵌入教育装备,让下一代学习者在新的装备平台上习得技艺、掌握知识、经历过程、培养智慧。另外,智能进化将让学习者受教师人为影响的程度降低,从而促进教育公平。

技术与课程资源嵌入学习系统,优质教学资源得以最大辐射和最大化利用,学生将获取所需的个性化学习资源,教育将变得更加智慧。

(四)学校、家庭催生教与学新形态

智适应学习将在未来学习中心展开,家庭、学校、社区都是学习场,家校共育将成为教育的新形态。

学生在家庭中的教育帮助学生健康成长,形成正确价值观。借助互联网,家长还可以参与学生在校学习的每一个环节,了解学生的成长状态。家长的全方位参与有助于形成家校共育的合力,这将成为未来教育与整个社会协同进化

---

① 张治.走进学校3.0时代[M].上海:上海教育出版社,2018.

的重要支点。

学校教育与家庭教育、社会教育之间的边界正在被消解。学习中心将实现小规模化，智慧教育治理将从学生个体转向家庭，教育管理者通过影响家庭教育场从而更好地教育学生。智慧教育心理测评师、课程规划师、生涯设计师将在与家庭和孩子充分对话的基础上制定个性化的教育方案。

学习是个性化的，学生的学程是定制的，终身学习成为常态，学习贯穿在工作、就业与创业的整个过程中，学习不再是讲解和背诵，而是在实践中感知和内化。

企业的学习产品将被广泛应用，学习与工作、就业、创业的边界越来越模糊。越来越多的企业可能会把学习、研究的任务交给学生，学生通过学习平台获取知识，实践过程将在具体工作中进行，工作技能的养成和问题解决融合的高效学习方式更加普及。

每一位教师都有一个人工智能助手。智慧教育时代，教师角色将发生重大转变，教学不再仅仅依靠教师，会出现很多人机协同的课堂。智能化算法可以精准计算学生的知识基础、学科倾向、思维特征、情感偏好、能力潜质等，据此为学生科学地定制教育服务，开展面向每位学生的因材施教。教师真正成为学生灵魂的工程师，成为学习的陪伴者、动力的激发者和情感的呵护者。

人工智能不会替代教师，将会替代大量"讲授型"教师，传道授业解惑的任务基本可以由人工智能取代。人工智能和教师将重新分工，许多环节会完全"去人工化"，凡是机器能干的，都交给机器去做。

"双师课堂"将广泛应用。"双师课堂"把教育过程拆分为"线上的名师负责传道授业＋教研"及"线下的助教负责答疑解惑＋服务"，依托可视化云平台，实现优于线下体验的学习效果，让每位学生同时享受两位教师的服务。

（五）数据、供给优化现代教育治理

数据驱动学校进化和教学转型。大数据和人工智能的一个重要功能是跟踪记录学生学习的全过程，感知和获取学生数据。经过分析与处理，这些数据能生成学生数字画像。这将极大地提高学习评价的准确性、科学性、可读性和实用性，使评价不再是一个简单的分数。

每位学生都将有一幅数字画像，升学将基于对个人学习能力和学习态度的信任，而不是分数，教育进入后文凭时代。学习评估不仅关注考试分数，更关注学生在哪里学习、学了哪些课程，以及在学习中创造了什么、分享了什么、体验了什么、收获了什么……分数不足以描述智适应学习多样化的学习轨迹。

学生的所有学习数据将被记录，未来智慧教育生态下，不同学校的不同课程都被认可，最优秀的课程组合将为学生提供更加优质的服务。

学生学习过程中的数据经过采集后生成学生数字画像，详细地展示学生的学习进展、学习效果、学习特征、能力倾向、兴趣爱好等指数，帮助学生提高自己的学习效果并开展生涯规划，帮助教师进行分类培养、因材施教，帮助高校招生部门更好地了解学生、分类筛选、持续培养。群体学生数字画像还可以帮助教师调整教学策略、开展教学管理，辅助学校和政府改进办学、开展教育治理。

未来智慧教育时代，每个人的作业都是不一样的，基于大数据的学习分析支持面向每个人的个性化学习。每位学生的学习行为和学习路径都会被记录，形成分析结果并及时反馈给教师和学生，结合智适应引擎技术，通过自主选择或系统智能驱动等方式，为学生提供个性化服务，从而促进个性化学习和自主学习。

在线作业系统通过线上线下相结合的方式采集学生有效的日常作业数据，再通过计算模型对采集的数据进行处理，智能生成学生个人和学生群体的学情分析报告，包括每门学科的每个知识点掌握程度与学习曲线、学科能力情况等，还能获得有关每位学生的最佳学习路径的建议，帮助教师布置个性化作业，规划学生的学习生涯。

未来智慧教育的服务供给将发生变化，教育领域的服务供给将不限于教育内部，信息技术企业、通信企业等共同参与并致力教育现代化的发展，教育将出现更多的服务外包，学习资源与服务供给更加多元，每一项教学业务都可能外包。

技术正在渗入教育，为其提供现代、高效的教育服务，学校的每一项业务都有可能被技术公司瓜分，课程外包呈常态化。

未来智慧教育的管理者将会在购买服务、评估服务、遴选供应商和管理供应商的业务上投入越来越多的精力，更多专业化的课程服务将进入教育并成为常态。

后/记

本书是上海市第四期"双名工程"张治高峰计划历经多年的实践成果。该成果将高中生物学课标（2017年版2020年修订）中所有的知识点和核心素养点解构并进行科学标注，形成计算机可以解析的知识图谱，将15305个微课、动画和测评试题等资源积件与知识图谱匹配，构建资源图谱和测评系统，形成独特的KPM推荐算法。再配合学习者画像和教学策略模型，构建了生物学学科智适应学习系统（APP），并通过机器学习不断迭代优化。基于人机协同的教育理念，探索了传统生物学课堂融合智能技术的嵌入式、翻转课堂、诊断补偿等教学模式，改变过去"满堂灌、齐步走"的教学弊端，支持大规模、个性化因材施教。

成果先后在全国150多所高中、4万余名学生中进行了多年的实践，教学改革成果得到上海市领导的高度认可，并获得2022年基础教育国家级教学成果奖二等奖，《文汇报》等权威媒体先后进行了20余次报道。2022年该成果被纳入上海市教育数字化转型"三大助手"的建设内容，并进行全市大规模推广。

在智适应学习系统建设和实践过程中，上海市第四期"双名工程"攻关计划的刘骏、蒋金珍，以及丁银娣团队的成员共同参与了资源制作，信息技术公司搭建了平台，上海市行知中学、上海市育才中学、上海市曹杨第二中学等先行试点实践，使得项目得以顺利推进并卓有成效，在此表示由衷的感谢。

　　本书是在张治领衔下完成的，第一章由王昌国执笔，第二章由韩静、张治执笔，第三章由秦红斌、闫白洋执笔，第四章由刘瞻执笔，第五章由闫白洋、杨绿菲、朱嘉晨、陈华、何慧、殷春蕾执笔，第六章由张治、秦红斌执笔。全书由张治定稿。

　　由于时间和能力水平有限，疏漏之处在所难免，恳请各位读者批评指正。

张治

2022 年 8 月

图书在版编目（CIP）数据

知识图谱驱动的教学智能化改造 / 张治 等著. —
上海：上海教育出版社，2022.10
ISBN 978-7-5720-1690-5

Ⅰ.①知… Ⅱ.①张… Ⅲ.①生物课－教学研究－
高中 Ⅳ.①G633.912

中国版本图书馆CIP数据核字(2022)第180937号

责任编辑　茶文琼
封面设计　陆　弦

知识图谱驱动的教学智能化改造
张　治 等著

出版发行　上海教育出版社有限公司
官　　网　www.seph.com.cn
地　　址　上海市闵行区号景路159弄C座
邮　　编　201101
印　　刷　上海锦佳印刷有限公司
开　　本　700×1000　1/16　印张 13.25
字　　数　202 千字
版　　次　2023年6月第1版
印　　次　2023年6月第1次印刷
书　　号　ISBN 978-7-5720-1690-5/G·1554
定　　价　68.00 元

如发现质量问题，读者可向本社调换　电话：021-64373213